手島郁郎

ヨハネ伝講話

第三巻

手島郁郎文庫

手島郁郎（1973年3月）

エペソ・アヤソルクの丘
丘の上に初代教会時代のエペソ教会の跡がある。
このエペソでヨハネ伝は書かれたと伝えられる。

――序に代えて――

神の栄光の輝きを見る目

優れた芸術家は、彫刻家でも画家でも、美しい自然を見、また代々の傑作といわれるような作品を見て啓発され、その感動、印象を自分の絵や彫刻にも取り入れようと苦心します。そして、ついに不朽の傑作ができます。

同様に、私たちはいつもヨハネ伝や他の福音書にありますキリストの御輝き、その地上に在りし日のお姿を偲ぶと、自分の信仰の間違いが正されて、教えられます。芸術家が審美眼をもって作品に取り入れるように、私たちはまずキリストの栄光の輝きを見る目をもつ人間にならねば、信仰生活に取り入れることができません。

神の充ち満てる生命、御光、摂理、ご愛というものは、その深さ、高さ、広さに量りがたいものがあります。とても神学の本や教理のテキストでわかるものではありません。

これは、ただ深く静かに瞑想して、心を研ぎ澄まして神を見上げる以外にありません。

そのクセができてくると、パウロのエペソ書(三章一四節以下)のような素晴らしい祈りが祈れるんです。私たちはほんとうに、神様を驚きと神秘な感動をもって見上げるような人間でありたい。そうでなければ、他の人とドングリの背比べに終わるだけで、とても傷つき病める魂を導くことはできません。

愛される者は、愛する恋人を、驚きと感動をもって見ますように、キリストの美と神秘に驚異していますか、どうか?

ユダヤの宗教哲学者アブラハム・ヘシェルが、「信仰の根源は畏敬、驚異にある」と言っていますが、確かにそうです。畏敬の念、驚異感、神秘感のない魂は、見込みがありません。上よりの光と力が内住すると、信仰的、霊的人格が自ずと輝き出してきます。

祈りは、ただ祈るだけでなく、神と深く交わることです。

子供は両親のそばにいるだけで平安なように、祈りは神の臨在下にある平安な意識です。

神に聴く態度で祈っていると、やがて他の信者と違う思想、感情、センスをもちだすことに驚くでしょう。優れた感覚がないと神の御心もわかりませんが、荘重な理屈っぽい言葉をもったいぶって並べずとも、幼な子のような無邪気な純情さであることが第一です。

一九七三年十月

手島郁郎

目次

凡例

＊難(むずか)しい概念(がいねん)や人名については、その語の横に「＊」印を付し、各講の最後に注をつけました。

＊講述者・手島郁郎は講話するに当たって、ヨハネ伝の原文であるギリシア語と日本語の対訳(たいやく)プリントを聴講者(ちょうこうしゃ)に配付して用いており、たびたび原文の意味を解説しています。本書では、その中で重要と思われる箇所(かしょ)にギリシア語を入れました。また、本文中に盛(も)り切(き)れなかった講述者の訳語は、太字で記されたヨハネ伝聖句の（　）内になるべく収(おさ)めるようにしました。ギリシア語の読み方は、エラスムス式を採用しています。

＊聖書の言葉を引用する場合は、『口語訳聖書』（日本聖書協会）を用いました。

＊講述者が講話の中で引用している聖句は、文語訳聖書からが多いですが、本文中では口語訳に改めました。ただし、講述者が原文から私訳・直訳している場合は、それを採用しています。

＊らい病、支那(シナ)、私生児などの語は、当時の表現をそのまま使用しています。

＊一回の講話のテーマが二つ以上あり、分量も多い場合は、読みやすいように講話を①②に分けて編集してあります。各講の文末にある日付をご参照ください。

ヨハネ伝講話　第三巻

手島郁郎

〔第三四講　聖句　ヨハネ伝六章六三～六九節〕

63「人を生かすものは霊であって、肉はなんの役にも立たない。わたしがあなた
がたに話した言葉は霊であり、また命である。64しかし、あなたがたの中には信じ
ない者がいる」。イエスは、初めから、だれが信じないか、また、だれが彼を裏切(うらぎ)
るかを知っておられたのである。
65そしてイエスは言われた、「それだから、父が与(あた)えて下さった者でなければ、
わたしに来ることはできないと、言ったのである」。
66それ以来、多くの弟子(でし)たちは去っていって、もはやイエスと行動を共にしなか
った。67そこでイエスは十二弟子に言われた、「あなたがたも去ろうとするのか」。
68シモン・ペテロが答えた、「主よ、わたしたちは、だれのところに行きましょ
う。永遠の命の言(ことば)をもっているのはあなたです。69わたしたちは、あなたが神の聖
者であることを信じ、また知っています」。

第三四講

たとえ死の闇路を歩むとも

ヨハネ伝六章六三～六九節

ヨハネ伝の中心テーマは、永遠の生命にあります。

永遠の生命とは、時間的に長い命という意味ではありません。無限と有限とが質的に異なっているように、有限の時間がどれだけ長くなっても「永遠」とはなりません。聖書が言う永遠の生命とは、この世の朽ちゆく虚しい肉の命が長く永久に続くことではない。

永遠の生命とは、神界の生命のことです。私たちがこの神界の生命を得るためには、どうしたらよいか。イエス・キリストは次のように言われました、

「わたしは天から下ってきた生きたパンである。それを食べる者は、いつまでも（永遠の中に）生きるであろう。わたしが与えるパンは、世の命のために与えるわたしの肉である」

（ヨハネ伝六章五一節）と。

この世のパンをいくら食べても、一時的には満足して癒やされますが、すぐに飢え渇きます。だが、永遠に飢えないものがあります。もうこれを得たら感謝、感激で、何もいらない、と言いたいような不思議な生命のパンがある。霊的な糧がある。地上でこれを握ったんですもの、恵まれたんですもの、他に何がいるでしょうか、というような驚くべき天からの生命のパンがある。これがキリストの与えたもう霊の糧、永遠の生命です。

永遠の生命こそは、人生最大の発見であり、最高の喜びです。この生命に生きてのみ、地上を天国のように歩いてゆけます。この生命は、この世で素晴らしいだけではない、次の世界にまで、永遠の神の世界にまで保たれる生命です。

この生命を得ることについて、キリストは言葉を続けて言われました、

「よくよく言っておく。……わたしの肉を食べ（ὁ τρώγων　喰う者）、わたしの血を飲む者には、永遠の命があり（永遠の生命をもち）、わたしはその人を終りの日によみがえらせるであろう。わたしの肉はまことの食物、わたしの血はまことの飲み物である」（六章五三～五五節）と。

ここでキリストが言われる、「ο τρωγων 喰う者」というギリシア語の意味は、ただ「食べる者」というのではなく、野獣が獲物をかき裂いて、むさぼり喰い、骨をガリガリ噛み砕いて、しゃぶるように喰う者のことをいいます。よく咀嚼して、骨の髄まで舐め尽くすことを指すんですね。

すなわち、キリストの宗教は、ただ普通に宗教を信じるというような信じ方では良くないのであって、ほんとうにキリストを魂の糧として喰い尽くすぐらいでないと、私たちは永遠の生命に至ることはできないということです。

さらに、「わたしの血を飲む者」とありますが、聖書において「血」は「生命」を意味します。イエスに宿った生命は、聖なる御霊ともいうべき生命です。ペテロ第一書に、「イエス・キリストに従い、かつ、その血のそそぎを受けるために、……御霊のきよめ（聖別）にあずかっている人たちへ」（一章二節）とあり、この「血のそそぎを受ける」ということは、キリストの内に宿っていた霊的な生命、神の聖なる御霊が私たちに注がれ、分け与えられることです。この聖霊に与ることによって、ついに私たちは永遠の生命の世界にまで運ばれるのであります。

しかし、イエス・キリストが「わが肉を喰え、わが血を飲め」と言われると、人々は、「この人はどうして、自分の肉をわたしたちに与えて食べさせることができようか」（六章五二節）と言って躓き、多くの弟子たちも「この言葉はひどい。誰が彼に聞き従えようか」（六章六〇節　私訳）とつぶやいて去ってゆきました。

人を生かすものは霊である

イエスは、つぶやく弟子たちに対して次のように言われました。

「人を生かすものは霊であって、肉はなんの役にも立たない。わたしがあなたがたに話した言葉は霊であり、また命である。しかし、あなたがたの中には信じない者がいる」。

（六章六三、六四節）

ここで「役にも立たない」と訳された原文は、「ουκ ωφελει」というギリシア語です。これは、「効果がない、益しない、助けとならない」という意味です。

人間は、食べることなしに生きることはできません。食べるということは、生きるための大事なエキス（本質、精髄）を摂取するためです。すなわちキリストが、「わたしの肉を喰え」と言われるのは、人間イエスの肉を食べよというのではない。キリストの肉体の中にある神の霊を摂取することが大事なのであって、この霊の生命を吸収しなければ益がない、役に立たないのだ、というのがイエスの力説されるところでした。「わたしがあなたがたに話した言葉は霊であり、また命である」（六章六三節）と言われるとおりです。

私たちを救うものは霊である。キリストの言葉の中には、霊があり生命がある。その言葉に宿る霊を汲むことが大事だということを、「わたしの肉を喰え」という譬えで語られたのでした。

言葉に宿る霊

私たちが食物を摂る場合に、その栄養分を摂取することが大事であるように、本を読むとき、わけても聖書を読むときに大事なのは、言葉の内容を受け取ることです。

日本の古代においては、瓊瓊杵尊、彦火火出見尊などのように、神のような人を尊んで

「ミコト（御言）」と呼びました。それは、その人たちの言葉には何か不思議な真実が、力が、霊があったことを意味します。

ミコトは普通の人と違った言葉の内容をもっている、と信ぜられてきた。すなわち日本では昔から、「わが国は言霊の幸う国である」と言って、言葉に宿る霊、言霊の力というものを非常に大切にしてきました。ですから私たち日本人には、イエス・キリストが、「わたしが話している言葉の中には霊がある。その霊を受けよ！」と言われた意味がよくわかると思います。

イエスの言葉の中に含まれているのは、霊、生命という内容であった。この霊が言葉を媒介にして伝わるときに、死んでも生き返るような不思議な作用をする。ほんとうに悩み苦しんでいる人であっても、急に心が開けて、天が臨むような経験があります。

先日、湘南幕屋の遊佐美津子夫人が亡くなられる時がそうでした。

私がお見舞いに行きました時は、もう呼吸困難で酸素吸入して、お顔は真っ青になっていました。しかし、一時間ぐらいお話ししつつある間に、刻々と拭うように清いお顔になってゆかれた。語る者の言葉の中に霊があり、またそれを聞く人が、霊を汲むことができたからでしょう、だんだんお顔が輝いてゆきました。最後には一緒に記念撮影をしましたが、湘南幕屋の皆さんが、「遊佐夫人は、今まで見た中でいちばん美しいお顔だった」と言っておられました。これこそ永遠の生命の、一つの小さな作用ではないでしょうか。

すべてのものが亡びゆく中に

人間、いちばん確実なことは、いずれは死ぬということです。人間は死ぬまいと思っても、みんな死にます。死んでしまったら無に帰する——そう思うと、はかないものです。私が若い時には「人生五十年」といいまして、五十歳を過ぎると皆「年寄りになった」と言って死んでゆきました。最近は七十歳になってもなかなか死にません。だが、たとえ長生きしたとしても、やがて死んでしまいます。

徳川家康が江戸に幕府を開き、三百年の間、徳川家が日本を治めました。しかし、嫡流は絶えてしまい、御三家の一つである水戸出身の徳川慶喜が最後の将軍となり、徳川幕府は終わりを告げました。長く続いても、その家が繁栄したのはわずか三百年。栄えたといっても、その程度です。地球の歴史が四十六億年というのに比べれば、なんとはかないことでしょう。

だが、この地球といえども、やがては死んでゆきます。また、太陽のような恒星さえも、光を照らし、エネルギーを放出するだけ放出した後は、爆発するか、収縮するかして、やがて死んでゆくといわれます。大宇宙には、そのような恒星の墓場ともいうべきブラック・ホールが無数にあります。宇宙といえども、決して悠久ではありません。

このように、一切のものが死んでゆき、一切のものが虚無に帰するというときに、私たちはどうなのか。一生懸命築き上げた事業も、家庭も、芸術も、文明もやがては亡びます。これは確実です。亡ぶことのために努力するのであったら、何の意味があるでしょう。

だが、一切が虚無に帰して死んでゆくような状態の中にも、すでに新しい全然違う生命、永遠の生命が兆してくる。二千年前、地上に現れたイエス・キリストこそ、この永遠の生命が人格として具現したお方でした。

女の人が母親になる時に、新しい生命を胎に宿すとつわる(もともとは「芽が出る」の意)ようになりますが、このイエスを通して、亡びゆく私たちの内にも神の御霊が宿り、神の子としての生命が新しくつわってきつつあります。使徒パウロも、「全宇宙は神の子が生まれ出るために産みの苦しみをしている」と言いました(ロマ書八章)。

この亡びゆく、目に見える世界の底辺から浮き上がろうとしている、「永遠の生命」という亡びない生命。これは、目に見えるものではないから、多くの人がわからずにいます。しかし、私たちはこの生命に負われて次の世界に行くんです。そのような生命を見出すことこそ、人生の究極の理想ではないでしょうか。

ですから、私たちはやがて死んで消えてゆく世界の上に生きているということを、よく知ることが必要です。そのような、存在の根底を問う知識は、科学の知識とか学校で習うような知識とは別のものであって、仏教的にいえば＊般若の智慧ともいうべきものによって悟るんです。ここに、宗教を絶対に学ばなければならぬ理由があります。

死と向かい合って生きたモー＊ツァルト

この夏、信州の白馬村にて幕屋の夏期聖会が開かれます。

私は聖会の主題歌として『北アルプスの白馬岳にて』という賛美の歌を、モーツァルト作曲の『春への憧れ』のメロディーに乗せて、次のように作詞しました。

信州・白馬村からアルプスの峯々を望む

一　アルプスの嶺(みね)　白銀色(ぎんいろ)に
輝(かがや)きわたり　主を賛(ほ)めぬ
白馬岳(はくば)は招く　幕屋人(まくやびと)らを
東天紅(しののめ)燃えて　御神(みかみ)を賛めぬ

二　喜び踊(おど)れ　わが歌に
大声合わせ　主を賛めよ
千草は野辺に　咲(さ)き誇(ほこ)りて
小鳥は梢(こずえ)に　歌いて賛めぬ

三　そよ風わたる　森蔭(もりかげ)に
静かに祈り　主を賛めぬ
みそぎの滝(たき)は　鳴りとどろき
雄叫(おたけ)び祈れば　御声を聞きぬ

私は若い頃から、モーツァルトの清く華麗な音楽に魅せられたものでしたが、その伝記を読んで、なんとかわいそうで気の毒な生涯だろうかと思いました。

モーツァルトは幼少の時から音楽の天才で、三歳でクラブサン（チェンバロ）を弾き、五歳で作曲を始め、八歳で最初の交響曲を作曲したという神童ぶりでした。モーツァルトがわずか七歳の時に、十四歳のゲーテ*はモーツァルトの優れた演奏を聴いて感動し、晩年になってもその時のことを回想して語っています。

父親は宮廷のバイオリン弾きでしたが、息子の才能を早く世に紹介したくてなりませんでした。彼が六つの時から、五つ年上の姉娘マリア・アンナと共に、オーストリアのザルツブルクからウィーンに、パリに、ロンドンに、ローマにと、ヨーロッパじゅうの大都市を巡業して連れ回りました。モーツァルトは、クラブサンを絶妙に演奏する神童として王侯貴族の前に引き出され、至るところで喝采を受けました。父親は大得意になって息子と娘を連れ回りますが、幼い遊び盛りの子供たちですから、とても堪えられません。

モーツァルトは生まれながらに病弱で、相次ぐ演奏旅行に健康を害し、腸チフスにかかったり、リューマチや頭痛に悩まされたりしました。十一歳の時にはウィーンで天然痘に冒され、三か月も静養しなければなりませんでした。病気がちな彼は、いつも死の不安につきまとわれ、死におびえながら生きました。三十一歳の時に父親へ宛てた手紙の中で、「ぼくは（まだ若いけれども）数年このかた、もしかしたら明日はもうこの世にはいないのではないか、と考えずに床に就いたことは一度もありません」と書いています。

常に死ぬことを思って生きたモーツァルト。しかし、この死の意識こそ、彼を音楽の天才たらしめた秘密でした。

人生の苦しみの中で

晩年、モーツァルトは極貧でした。寒い冬のある日、友人が訪ねてゆきますと、火の消えた冷たい部屋で夫婦して盛んに踊っている。それで友人が、

「どうしたんだ？」と聞くと、

「あまりに寒いけれども、薪を買うお金がないから、夫婦で踊って身体を内から温めているんだ。だいぶん踊ったから温かくなった。さあ、ようこそいらっしゃい」と言ったといいます。それほど、モーツァルトの生活は貧しく悲惨でした。

モーツァルト（ランゲ画）

彼は三十五歳で若死にしていますが、その短い一生に、なんと六百以上もの作曲をしています。

今夏の白馬聖会の主題歌に選んだ曲『春への憧れ』は、*ケッヘル五九六と書いてありますから、彼が亡くなる年に作った曲です。子供の雑誌に春の歌を三曲作ったものの一つですが、それも一片のパン代と引き換えに書かれたものでした。

若い頃には大いにもてはやされたモーツァルトでしたが、音楽家という人気稼業は浮沈のはなはだしいものでした。しかし彼は、どんな逆境の中にも、内心を潤す豊かさの泉を忘れませんでした。

死期が近づくにつれ、いよいよ彼は創作に没頭しようとします。死の三か月前、友人に宛てた手紙の中にこう書いています、

「休息するよりも作曲しているほうが疲れないので、書きつづけています。自分の終わりの鐘が鳴っているのだと、ふとしたことに感じます。今や息も絶え絶えです。自分の才能

を楽しむ前に死んでしまうのです。ぼくの門出は華々しい前途を約束するものでした。しかし、自分の運命は変えられません。何事も神の摂理のまま行なわれるでしょう」と。

死の暗闇も歌いつつ進む

モーツァルトは、子供の時から親に連れられて、旅から旅への生活でした。親は名誉欲で早く子供を有名にしようとする。それだけの天分をもっており、至るところで好評を博してお金が入るが、彼は必ず病気をして医者通いをしています。入ったお金も結局、演奏旅行から帰った時は何も残らない。モーツァルトの人生は、「死」ということを考えぬ日は一日もなかったほどでした。

けれども、彼の曲はどれを取っても、清く澄みわたって明朗なメロディーをもっています。人生の底を深く見つめることによって、数々の明るい曲が湧き出してくるということは、驚きではないでしょうか。

モーツァルトの生涯最後のオペラ『魔笛』の中に、「音楽の力で、私たちは死の暗闇の中も楽しく進んでゆく」という台詞があります。ここに、彼の心が表れているように思います。私はこれにヒントを得て、聖会主題歌の歌詞の四番を作りました。

四　宵空冴ゆる　星影に
　山のこだまが　夢ゆする
　峯々つづく　尾根伝いも
　主により添いて　歌いつ進まん

長野県の白馬連山は、険しい峯々が続いています。風が吹きだすと飛ばされそうになる。そのような中、切り立った尾根伝いに歩くことほど恐ろしく危険なことはありません。だが、「主により添いて　歌いつ進まん」――これは「音楽の力で死の闇を歌いながら進んでゆこう」という気持ちを汲んだものです。

モーツァルトにとって、世間の冷たい暴風雨は、彼の心に刺激となって、内面的に輝かしい世界を作り出す原動力となっていました。

人生、苦しみがあるということは、決して不幸なことではありません。外側だけを見る人は、「あれはバチ当たりだから、あんな不幸に遭うのだ」と言うかもしれません。しかし、神様はその人の魂を愛し、内面を錬磨させようとして、普通でない方法をお取りになることがあります。

神の小羊の血を尊ぶ信仰

十二月の寒い夜、彼が三十五歳の若さで息を引き取ろうとした時、死ぬ前のミサを与えてくれるように、妻が教会に頼みましたが、カトリックの司祭は断りました。彼の信仰は異端とされていたからです。モーツァルトは、当時のキリスト教会の信仰に飽き足りませんでした。

彼はある時、「プロテスタントの人々は十字架につけられたまいし『Agnus Dei　神の小羊』が、どんなに尊いものであるかわかっていない」と言ったといいます。今も血を流しつつある神の小羊イエス・キリストの尊さを知らない、というのです。

いつも死ぬような苦しみに遭い、死を目の前にしていたモーツァルトには、十字架上に血を流しているイエス・キリストのお姿の尊さが目に映っていたのでしょう。神の小羊の流しつつある御血を尊ぶ信仰は、キリストが自分の代わりに十字架にかかってくださったから救われた、などという教理を信ずる信仰とは違うんです。
そして、彼は誰からも顧みられることなく、妻、その他数人に看取られて逝きました。貧しくはかなく死んでゆきました。

モーツァルトにいよいよ死期が迫った時、彼は真夜中なのに目をキッと見開いて床の上に起き上がりました。そして壁にもたれかかって、安らかに眠るように目をつぶりました。それは、天国を望むような不思議な光景でした。「音楽の力で、私たちは死の暗闇の中も楽しく進んでゆく」という言葉のとおり、見事な大往生でした。

吹雪が荒れ狂う中での葬式は、簡単に片付けられました。埋葬には家族の者さえ出席せず、悪天候のために友人たちも参列をあきらめ、葬儀人夫の手で郊外の共同墓地の片隅に葬られました。それで、その場所すらわからなくなってしまいました。

冷たい世の刺激に、彼の外なるものは傷つけられ、侵されたでしょう。

しかしモーツァルトは、内側だけは侵されまいとして、必死に魂から作曲しつづけたのでした。悲惨な生涯でしたが、彼の残した不朽の芸術作品は年とともにその輝きを増し、今も多くの人々に感動と鼓舞とを与えています。

天のメロディーを奏でつつ

モーツァルトの音楽は、死の陰りさえない清く澄みわたったメロディーをもっています。毎日不安におびえて生きなければならない生活。それだけに、もっと内面的に輝かしいものを表現したいという思いで作曲しているのがわかります。

モーツァルトにとって音楽とは、今の時代に音楽学校などで勉強する音楽とは全く違うものでした。死の闇路をも突破できるようなものを、音楽と言ったんです。だから彼は、天の音楽を聴きつつ、どんな貧乏にも甘んじてあらゆる苦労を忍ぶことをいといませんでした。

人生のどん底は苦しくとも、そのどん底から湧き上がる別のリズム、メロディーがあるんです。彼は、その心に清らかなメロディーを湧かしてやみませんでした。魂の大きな喜びがあったからです。これこそ宗教の境地です。

こういう宗教が私たちに開けること、これが私の願いです。

そして、私が不思議に思うのは、彼が死というものに密接していながらも、いつもそれに励まされているということです。ここに永遠の生命の発見があります。永遠の生命ともいうべきものでもなかったら、苦難を乗り越えて生きようと思っても、とても生きられません。

＊カール・バルトという神学者は、モーツァルトの崇拝者で、「神学の研究に取りかかる前に、私はモーツァルトの曲を聴いていることを告白せねばならない。彼の曲を聴くといつも勇気を与えられ、慰められ、喜ぶことができる」ということを言っております。

彼は神学者ですが、彼の神学に欠けたものを、モーツァルトの音楽で補おうとしている。もし彼が、ほんとうに神の懐に生きていたら、こういうことは言わなかったろうに、と思います。

そこに神学とか宗教哲学、勉学で学んだ信仰の限界があります。「人を生かすものは霊であって、肉はなんの益もない」（六章六三節　私訳）とあるとおりです。

バッハは西洋音楽の父として有名ですが、バルトは「天国で天使たちが聞いて喜ぶのはバッハではなく、清く朗らかなリズムを死の悲しみのどん底でも奏でたモーツァルトの曲だ」と言ってはばかりませんでした。

寂(さび)しさの極(きわ)みに堪(た)えて

楽聖といわれるベートーベンは、モーツァルトに対する最も熱心な賛嘆者(さんたんしゃ)の一人でしたが、彼の一生も寂しく気の毒でした。ベートーベンは、しばしばこんな祈りをしています、「おお神よ、私を救いに来てください！　私の祈りをお聴(き)きください」と。彼は二十七歳(さい)の頃(ころ)から、耳が聞こえなくなりはじめました。しかし祈りつつ、「身体(からだ)はどんなに弱っていようとも、精神で打ち勝ってみせよう」という信仰が芽生えた時に、見事なほど内面的に深いメロディーを奏(かな)でることができました。

彼が死ぬ前になって、シューベルトがやって来ました。

ベートーベンはすでに口もきけなくなっていましたが、その少し前に、シューベルトが作った『美しき水車屋の娘(むすめ)』などの楽譜(がくふ)を見て、「実に神の傑作(けっさく)だ。シューベルトには神の火花が宿っている！」と言っています。

すべてのことを、ベートーベンは神の恵(めぐ)みに帰しました。今の多くの人々は、そのように神の恵みに帰したりはしません。何事も、自分の努力によってできたと思っているのが普通です。

ベートーベンが死んだのは、雪がまだ残る三月の末でした。その日の夕べ、突然に稲妻が光り、激しい雷鳴が鳴りわたる中でベートーベンは頭をもち上げ、右手を雄々しく伸ばして一点を見つめ、そして息絶えました。

その三日前、彼はいよいよ自分が死ぬことを自覚した時に、「諸君、喝采したまえ。喜劇は終わった」と言ったといいます。自分の人生を、一幕の喜劇だと言ったのです。

次々と女性に恋してもかなわず、最後には、愛して育てた甥のカールも彼の許を去ってしまう。人を愛する気持ちをいっぱいもちながらも、愛されること薄く死んでいったのがベートーベンでした。そのように一生を寂しく過ごしました。モーツァルトも同様でした。

しかし、寂しさの極みに堪えて生きる、ということが宗教の土台です。

同時に、こういう人たちを思い起こすと、「死を見つめる」ということが、いかに芸術の裏づけになっているかを学びます。昨今はやりの音楽とはずいぶん違い、多くの学者や科学者の研究の精神を鼓吹することができたのは、モーツァルトやベートーベンなどの音楽です。

死から引き上げる生命

「死」は、誰でも人生の最後に確実に行き着くところですのに、人は皆考えたがらないものです。だが、私たちはこうやって、まともに死を見据えて考えられるとは嬉しいことです。

私たち、いずれは死にます。しかし、その死の底を支えている何かがあります。それを発見しなければならない。その何かとは、イエス・キリストがどこまでも叫んでやまなかった「永遠の生命」、聖霊の御注ぎ、神の小羊の御血に象徴される、あるものです。

イエスの弟子ペテロは、

「主よ、わたしたちは、だれのところに行きましょう。永遠の命の言をもっているのはあなたです。わたしたちは、あなたが神の聖者であることを信じ、また知っています」（六章六八、六九節）と言って、キリストにどこまでもお従いしようとしました。

キリストが、「わが肉を喰え、わが血を飲め」と言われたように、私たちはキリストの御血汐によって養われない限り、永遠の生命を得ることはできません。

すべてが亡びゆき、無に帰してゆく中、この大宇宙といえども消えてゆく。天を仰いでも地に伏しても何も頼るものがない時に、私たちが信仰の目をもって見るならば、イエス・キリストの中に宿った生命、死んでも生き返る生命があることを知るんです。お互い、この生命をもつ兄弟姉妹であることを感謝せずにはおられません。

「神様、よくぞこの地上に、この時代に、この今に出会わせてくださいました！」と皆で感謝し、祈ろうではありませんか。

ベートーベンは言いました、

「神様、私は弱く乏しい人間ですが、あなたはここまで引き上げてくださいました。死が私を飲み干そうとするこの人生の危機に際して、引き上げようとされるあなたの努力をおやめにならないでください！」と。

こんな純真な祈りを、祈ろうではありませんか。

もっと根本的に信仰を改革しなければ、役に立ちません！

信仰を、ただ儀式ごとや議論ごとにしたら、役に立ちません。魂の奥底から、私たちの存在の根底から湧き上がってくる、永遠の生命というものに触れるのでないならば、般若の智慧は得られない。それを得た者が信仰しはじめるのであって、まず信仰以前を、私たちはもういっぺん反省しとうございます。

祈ります。

天のお父様！　厳かな思いをもって、昔、地上に在りたまいしイエス・キリストの御言葉を通して、私たちは襟を正されて学ぶ思いであります。キリストが、血を流してでも私たちに注ごうとされる聖なる御聖霊、一切が亡びてもなお亡びない永遠の生命を、どうぞ私たちに焼きつけて、裏打ちしてくださるようにお願いいたします。そのときに、短い人生もほんとうに大勝利であります！

どうか、死の闇路も神の喜びの歌声をもって突破いたしとうございます、進んでゆきとうございます。

死よ、何ものぞ！　黄泉の力よ、何ものぞ！

神様、私たちはこれらのものに打ち勝つ人間とされたことを感謝いたします。

どうか、全世界のあなたの愛したもう民たちを守りたもうよう、お願いいたします。

宗教宗派を超えて、どうか神様、あなたの聖なる民を育て、御光を点じたもうよう、お願いいたします。尊き御名により祈り奉ります。

（一九七三年七月十五日）

＊般若…梵語prajñāの俗語形paññāの音写。真理を認識し悟りを開く働き、最高の智慧のこと。

＊ヴォルフガング・アマデウス・モーツァルト…一七五六～一七九一年。オーストリアのザルツブルクで生まれる。ウィーン古典派音楽の代表者。西洋音楽の一頂点を築いた。

＊ヨハン・ヴォルフガング・フォン・ゲーテ…一七四九～一八三二年。ドイツを代表する文豪、自然科学者、政治家。

＊ケッヘル…オーストリアの音楽研究家ケッヘル（一八〇〇～一八七七年）が、モーツァルトの作品を年代順に整理してつけた番号。ケッヘル一から六二六まである。

＊カール・バルト…一八八六～一九六八年。スイスの神学者。プロテスタント教義学の泰斗。

〔第三五講　聖句　ヨハネ伝七章一～一三節〕

1そののち、イエスはガリラヤを巡回しておられた。ユダヤ人たちが自分を殺
そうとしていたので、ユダヤを巡回しようとはされなかった。
2時に、ユダヤ人の仮庵の祭りが近づいていた。3そこで、イエスの兄弟たちが
イエスに言った、「あなたがしておられるわざを弟子たちにも見せるために、ここ
を去りユダヤに行ってはいかがです。4自分を公けにあらわそうと思っている人で、
隠れて仕事をするものはありません。あなたがこれらのことをするからには、自分
をはっきりと世にあらわしなさい」。
5こう言ったのは、兄弟たちもイエスを信じていなかったからである。
6そこでイエスは彼らに言われた、「わたしの時はまだきていない。しかし、あ
なたがたの時はいつも備わっている。7世はあなたがたを憎み得ないが、わたしを
憎んでいる。わたしが世のおこないの悪いことを、あかししているからである。
8あなたがたこそ祭りに行きなさい。わたしはこの祭りには行かない。わたしの

時はまだ満ちていないから」。9彼らにこう言って、イエスはガリラヤにとどまっ
ておられた。
10しかし、兄弟たちが祭りに行ったあとで、イエスも人目にたたぬように、ひそ
かに行かれた。11ユダヤ人らは祭りの時に、「あの人はどこにいるのか」と言って、
イエスを捜していた。12群衆の中に、イエスについていろいろとうわさが立った。
ある人々は、「あれはよい人だ」と言い、他の人々は、「いや、あれは群衆を惑わし
ている」と言った。13しかし、ユダヤ人らを恐れて、イエスのことを公然と口にす
る者はいなかった。

第三五講

天の時を知る者　　ヨハネ伝七章一～一三節

ヨハネ伝は七章に入り、新しい話が始まります。

そののち、イエスはガリラヤを巡回して（歩いて）おられた。ユダヤ人たちが自分を殺そうとしていた（捜し求めていた）ので、ユダヤを巡回しよう（歩こう）とはされなかった（欲しなかった）。時に、ユダヤ人の仮庵の祭りが近づいていた。（七章一、二節）

イエス・キリストがガリラヤ地方を巡って伝道されつつあった時、仮庵の祭りが始まろうとしていました。仮庵の祭りは、ユダヤ教の三大祭の一つです。

今から三千数百年前、イスラエルの民は主なる神によってエジプトの地から救い出され、四十年の間、荒野をさまよいました。その時、移動式の天幕生活をしましたが、その故事を記憶するために行なわれるのが仮庵の祭りです。ギリシア語原文の「σκηνοπηγια」は、「σκηνη（天幕、幕屋）＋πηγνυμι（設ける）」から生まれた語ですから、「仮庵の祭り」というより「幕屋祭」と訳し直したほうがいいですね。

この祭りは、毎年だいたい九月の終わりから十月頃に、七日間続きます。現在でもイスラエルの人々は、家の外やアパートのベランダなどに仮小屋を作り、古の日々を偲んで祭りの間はそこで過ごします。

当時、幕屋祭のために、イスラエルはもちろん世界の各地から、ユダヤ人がエルサレムに集まってきていました（申命記一六章一三～一七節）。

そこで、イエスの兄弟たちがイエスに言った、「あなたがしておられるわざを弟子たちにも見せるために、ここを去り（離れて）ユダヤに行ってはいかがです（行け）。（なぜなら）自分を公けにあらわそうと思っている人で、隠れて仕事をするものは（誰も）

ありません。あなたがこれらのことをするからには、自分をはっきりと世にあらわしなさい」。こう言ったのは、兄弟たちもイエスを信じていなかったからである。

　そこでイエスは彼らに言われた、「わたしの時はまだきていない。しかし、あなたがたの時はいつも備わっている。世はあなたがたを憎み得ないが、わたしを憎んでいる。（なぜなら）わたしが世のおこないの悪いことを、あかししているからである。あなたがたこそ祭りに行きなさい（上れ）。わたしはこの祭りには行かない（上らない）。わたしの時はまだ満ちていないから」。彼らにこう言って、イエスはガリラヤにとどまっておられた。

（七章三～九節）

　イエスは、「エルサレムの都での祭りに行くがよい」と兄弟たちが勧めたのに対して、「わたしの時はまだきていない。……わたしはこの祭りには行かない。わたしの時はまだ満ちていないから」と答えられた、とあります。ここで「時」というのは、原文では、いわゆる「時」を表す「ωρα」や「χρονος」ではなく、「καιρος」というギリシア語が使われております。これは普通の時間とは違い、「意味のある時」をいいます。

「日知り」ということ

宗教というものは「時」を問題にします。

昔、聖徳太子は聖といわれました。「ひじり」というのは、宗教的に優れた聖人というように解釈されますが、日本語では本来「日知り」でして、日を知る、未来や現在の時を知る、という意味があります。ですから、未来の出来事を予言する力を聖徳太子がもっていた、というわけです。

今、あなたはそんなことをしてはいけないとか、するべきだとか、直観的に霊感的にわかる人がいますね。私たちも信仰が進んでくると、それが示されます。これは人生を歩くうえで大きな武器となるでしょう。どうぞ、私たちは皆「日知り」でありとうございます。

そのことがわからない者たちに対して、イエスは次のように言って嘆かれました、

「あなたがたは夕方になると、『空がまっかだから、晴だ』と言い、また明け方には『空が曇ってまっかだから、きょうは荒れだ』と言う。あなたがたは空の模様を見分けることを知りながら、時のしるしを見分けることができないのか」（マタイ伝一六章二、三節）と。

真に宗教的に生きる者は、ただ世論に動かされたり、常識では行動しない。「神様、私は何をなすべきでしょうか」と、時々刻々問いながら生きています。これが、「日知り」であろうとする者の歩み方です。いつも自分の心に問うて、神様が示したもうままに歩くことです。

カイロス（時）とは

ギリシア語のカイロス（時）は、ケイロー（切断する）という語から出ていて、前後がつながらない時の断層というか、特別な「時」を意味します。

一葉落ちて天下の秋を知る、というように、私たちは時のしるしを見て、カイロスのもつ意味を知らねばなりません。時計が刻む単なる時間ではなく、天の時が歴史の時間に切り込んで、地上の時を裂き、今までとは全く違う歴史や運命が始まる。そんな歴史の断層を起こすような異変と審判の時を指して、カイロスというんですね。

これは聖書特有の思想です。カイロスは、一国、一民族だけでなく、一個人にも、誰にも臨みます。

たとえば、一九四五年八月十五日、大東亜戦争における終戦の詔勅が下った日を境に、日本の運命はガラリと変わって、それまでの思想も政治も法律も、みんなガタガタと崩れてしまいました。これは私たち日本人が経験した、ひどいカイロスの断層です。

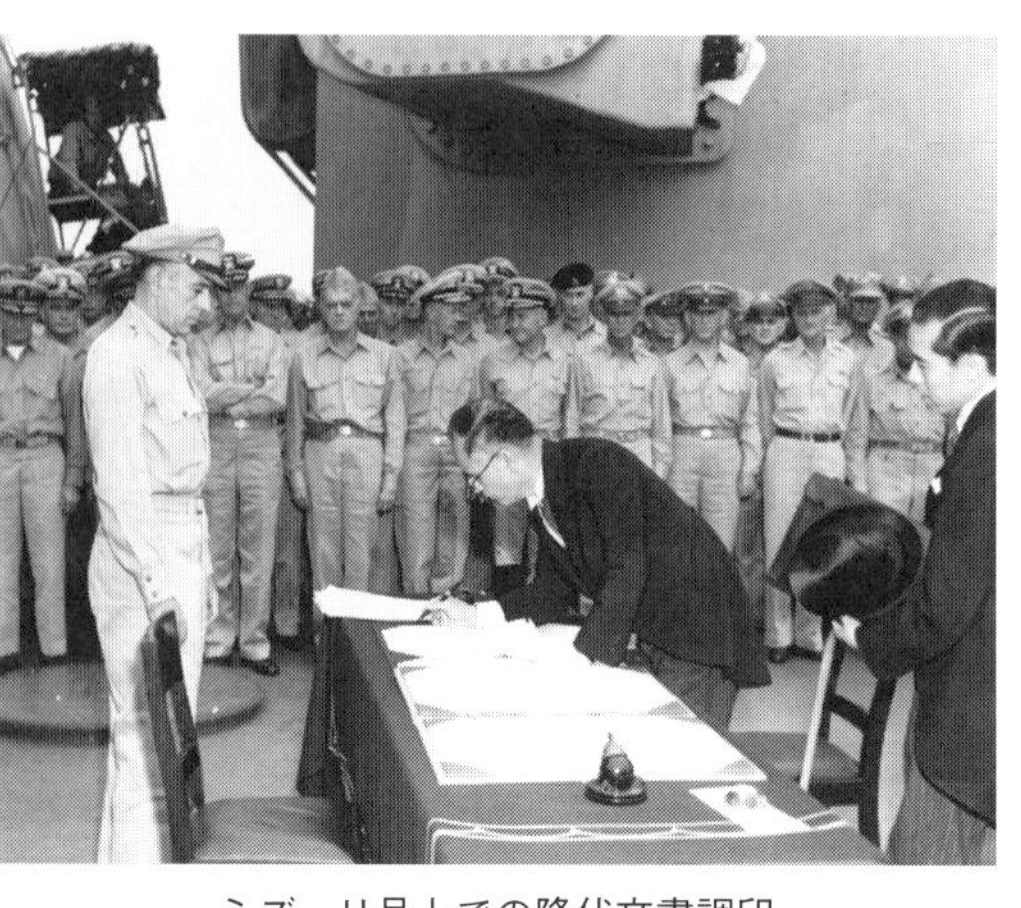

ミズーリ号上での降伏文書調印

そして二十八年前（一九四五年）の今日、九月二日、戦争に敗れた日本は、アメリカの戦艦ミズーリ号上で連合国に降伏する調印を行ないました。私はこの屈辱を忘れません。歴史に汚点を残した日本。再びこういうことを繰り返してはいけないと思います。

日本が敗けたことを聞いた時、私は茫然となりました。戦争がどんなにひどくなっても、日本が敗れるなんて思いもしませんでした。その時私は、「神様、日本が敗けたのは私が悪かったからです。たくさんの人が死んでいった。また、たくさんの人が家を焼かれ財産を失った。しかし私は、戦時成金で金を持っていた。私のような者がおるから日本は敗けたんです」と悔いました。誰にも詫びようがない、神様に詫びました。そして、「神様、今日から煙草もやめます。朝食も取りません。私はこの懲らしめを忘れません」と祈ったことでした。

日本が戦争に敗けたのは、敗けるとわかっていたのに、軍部が「天の時だ、神機熟した」と言って戦争を始めたからです。昔から「天の時、地の利、人の和、この三拍子がそろうときにうまくゆく」と申します。人の和があっても、地の利を得ましても、天の時が満ちなければしくじります。

あの敗戦を境に、ほんとうに日本の世の中が変わってしまいました。

思想的にも変わり、社会制度、親子の関係、風習、一切が変わってしまったですね。大きな断絶ができてしまった。これは、徳川幕府が倒れて明治維新となり、新しい時代を迎えた時以来の大きな変化でした。

このような大きな変化をもたらす「時」がカイロスです。

カイロスは、ある意味では審判です。すなわち神様が、ある時になると、その時代を放っておけなくなって審判の手を伸ばしたもう。しかしそれは、一方では救いの御手です。徳川時代が長く続いたら、一般の民衆は身分制度に縛られて、たまりませんでした。

日本は戦争に敗けた。しかし今は、敗けて良かったと思います。避けられない戦争であったにしても、あのように軍部が少数で政治を牛耳っていたら、どのくらい不幸なことが続いたかわかりません。軍の指導者たちは、焦土作戦や一億玉砕を唱えていました。しかし、一億総玉砕したら何が残りますか。日本は潔く戦った、という名誉は得られるかもしれませんが、後代のために戦いをやめたのは良いことだったと思います。だが、そのために非常な屈辱を受けました。

自滅するか、奴隷となるか

敗戦後、アメリカは日本に対して寛大でした。それは、米ソ間の緊張などがあったからですが、日本は恵まれすぎました。これは恐ろしいことだと思います。

今から五十年ほど前、第一次世界大戦の後でしたが、*バートランド・ラッセルという人が言ったことを覚えています、「ヨーロッパはやがて自滅するだろう。そうでないならば奴隷になるだろう」と。当時、世界を牛耳っていたヨーロッパ諸国が、自滅するとか奴隷になるとか、考えられませんでした。

ラッセルが言うところは、狭いヨーロッパで国々が相争うならば、戦争は必至。やがて第二次世界大戦が起こるだろう。そうして、お互いの力で滅んでしまうだろう、と。まだヒットラーなどが登場する前に、そう言いました。

もう一方、戦争がないならばどうなるか。アメリカの物質文明というか、経済力の前に奴隷となるだろう――ラッセルはそう予言しました。

大東亜戦争の後、日本は戦争を免れてきました。韓国と北朝鮮、また台湾と中国、南北ベトナムなどは皆、二つに分かれて争っている。日本にそれがなかったことは、ありがたいことです。

しかし今、日本はアメリカの物質文明の奴隷状態です。ただ金もうけのためにしか生きていない日本は、やがて自滅しますね。戦争に敗れたことを教訓にせず、最も大事なものを忘れているからです。経済的発展をしたのはいいが、最近になって公害問題、その他が起こってきて、今頃になって「大変な世の中になるぞ」と急に言いだしています。

天譴を受けた日本

昨日は九月一日、大正十二年（一九二三年）の同じ日、午前十一時五十八分に関東大震災が起きました。それから五十年というから、早いものです。あの時、東京の中心部はほんとうに焼けただれてしまいました。都心の丸の内方面にあった堅固な建物もガタガタに崩れた。また、下町の被服廠跡には炎の竜巻が起き、避難してきていた何万もの人が焼死し、犠牲となりました。

当時学生だった私は、学校の先生から聞きました、「日本は明治・大正年間、日露戦争や第一次世界大戦を通して発展してきた。だがその後、国民が精神的に堕落したから、天譴、天の制裁が日本に下ったのだ」と。そういう考え方に対して、ある雑誌では「バカなことを言うもんじゃない。地が揺れたのであって、天が裁くなどということがあるものか」と言っておりました。しかし、それは地上の出来事を見て、天上のこととして翻訳し、天がなぜ怒ったかということを感じないから、そういうことを言うんです。

大震災が起きた年の十一月、宮中から「国民精神作興に関する詔書」が下りました。

「朕惟うに国家興隆の本は国民精神の剛健に在り」という出だしで、国家が興隆する基は国民の精神が質実剛健であることだ。しかし今、華美に流れ、道徳が廃れている状況を見ると、これではいけない。公徳心や勤勉、博愛の心を養わねばならない、という内容でした。あの頃の政治はまだ良かったですね。

この震災の後、東京は新たな町として首都らしく復興されました。また、この震災の時、*内村鑑三先生の弟子で、無教会の私の師である*塚本虎二先生は奥様を失ってしまわれた。けれども、そのことを通して伝道者として召命されたのでした。

大宇宙の心に従って生きる

その後、日本の国は昭和に入り、表面的には上り坂のように見えましたが、精神的にはずっと下り坂になりました。それは小説、映画、その他全部そうです。天の香りがするようなものは、だんだん影を潜めてきました。それで今に至って、宗教が振るわなくなるのは当然です。今の時代の宗教は、大事な信仰心を抜いたしろものが多く、問題になりません。私はそう思う。

今は物の考え方からして違いますす。私たちが育った時代は、富士山を見ても、大自然に対する畏敬の念をもって見上げたものです。しかし今の人たちは、「大自然を征服するのだ」と言う。

地震でも起きると、「大自然の反逆」などといって、自然が人間に反逆したかのように言う。新聞記事にそのような言葉があるのを見て、恐れ入ったことを書くものだと私は思いました。同じことでも、まだ大正年間の人たちは、天の戒めであると考えました。しかし今は、人間が自己を中心にしてすべてのことを考えますから、「大自然の反逆」などという言葉を使う。

人間は、自分以上の大いなるものに仕えよう、大いなるものに従おう、大宇宙の心に従ってゆこうとするときに、ほんとうに尊いんです。

こうやって、ある時を期して時代が変わってゆきます。関東大震災という出来事、それは一つのカイロスでした。しかしそのカイロスの意味を、日本人は十分には汲み取ることができなかった。ここに人間の驕りが生じて、日本の国が大戦争をやり、敗戦の憂き目を見なければならぬ理由がありました。

神機熟して行動を起こす

しかし、兄弟たちが祭りに行ったあとで、イエスも人目にたたぬように、ひそかに行かれた。ユダヤ人らは祭りの時に、「あの人（あいつ）はどこにいるのか」と言って、イエスを捜していた。群衆の中に、イエスについていろいろとうわさが立った（多くのつぶやきがあった）。ある人々は、「あれはよい人だ」と言い、他の人々は、「いや、あれは群衆を惑わしている」と言った。しかし、ユダヤ人らを恐れて、イエスのことを公然と口にする者はいなかった。（七章一〇～一三節）

イエスが、「あなたがたの時はいつも備わっている」（七章六節）と言われましたように、普通の人は天を仰いで天の呼吸に合わせて生きようともしない。いつでも好きな時に好きなことをするでしょう。一般人はそのような時の世界に生きているが、イエス・キリストはいつも神の世界が切り込んでくる「時の断層」を見て生きておられました。

キリストは、「わたしはこの祭りには行かない。わたしの時はまだ満ちていないから」

(七章八節)と言われながら、すぐその後で、こっそりエルサレムに行かれました(七章一〇節)。それならば、キリストは嘘を言われたのか、人の裏をかかれたのか、と人は言うでしょう。しかし、そこが霊的人間の値打ちのあるところです。

霊的な人間にとって、人間同士の約束や予定は第二です。人の評判、人の勧めは論外です。まず神の時が来なければ、神の御手が働かなければ、動かない。

しかし、神の時が満ちれば、直ちにどんな危ない所にでも乗り込んでゆく。神機熟して肉躍り、虎視眈々の敵軍を折破し去る時が来さえすれば、行動を起こす——これがキリストのお姿でした。

天を見ている人間には、「ハハァ、霊界に幻が見えた。このはねっ返りは、グワーン！と来るぞ」というように、未来がすでにわかるんです。ですから私たちも、いつも祈り深く天を見ながら、天の時間に呼吸を合わせるように過ごさねばなりません。聖書を読んで、私たちも「日知り」——キリストの弟子らしく学ばねばなりません。あたら意味のない日々を過ごすべきでない。真の宗教人は、空間以前の見えない時をつかんで、運命を創造し、見える時の流れを自ら選択し支配してゆくのです。

祈りに天開けて

十六世紀のこと、*マルティン・ルターは、当時のカトリック教会のひどい腐敗を嘆いて宗教改革を叫びました。そのために異端者として破門され、また*ヴォルムスでは、皇帝、王侯、貴族、宗教代表者たちが居並ぶ中で宗教裁判にかけられました。

これは、ほとんど同情者とてないルターにとって、死地に踏み入る危険な時でした。彼はおびえながら神に祈りました。そして、立ち上がる力を得ました。それは、神の時が伴っている、神機は熟したと思ったからです。それで、

「ヴォルムスの屋根瓦のように悪魔が巣くっていても、私は恐れずに出かけるぞ」と申して出発したといいます。

同様に、私たちも危険で困難な問題にぶつかるとき、「天の時」が切り込んで干渉し、あまりにも偶然が偶然を呼んで、折り重なるようにも助けてくれるのを幾度も経験するものです。その時に、私たちを追い詰め苦しめようとする人たちが、逆にひどい目に遭って苦しみます。

私たちはキリストに導かれる民ですから、普通の人と違った人生の歩き方をしなければなりません。キリストは、場合によっては兄弟親族たちからも気が狂ったと思われたり、悪口を言われながらも、神の啓示に聴く独自の時を歩まれました。どうぞ、神のカイロスの切り込みを信じて、思い切り積極的に行動しようではありませんか。

（一九七三年九月二日 ①）

＊バートランド・ラッセル…一八七二～一九七〇年。イギリスの数学者、哲学者。

＊内村鑑三…一八六一～一九三〇年。明治・大正期における日本キリスト教界の代表的指導者。伝道者、思想家。無教会主義を唱える。（無教会主義については七一頁を参照）

＊塚本虎二…一八八五～一九七三年。大学生の時に内村鑑三の門下となり、後に独立伝道者となる。内村亡き後、無教会主義の代表的人物となる。手島郁郎は、若き日に塚本虎二に私淑した。

＊マルティン・ルター…一四八三～一五四六年。ドイツの宗教改革者。

＊ヴォルムス…ライン川中流域にあるドイツの古都。ここで開かれた帝国議会で、ルターは改革意見の撤回を求められたが拒否。ドイツの宗教改革に決定的な方向を与えた。

第三六講

信仰か、宗教か

ヨハネ伝七章三〜九節

兄弟たちがイエスに向かって言った、「あなたがしている業を弟子たちも見るために、ここを去ってユダヤに行け。なぜなら、自分を公けに現したいのに、何かを隠れて行なう者は誰もいないのだから。あなたがこれらのことを行なっているからには、あなた自身を世に現せ」と。彼の兄弟たちすら、イエスに信じていなかった。

そこでイエスは彼らに言った、「わたしの時機はまだ来ていない。しかし、あなたがたの時機はいつでも備わっている。……あなたがたこそ、祭りに上れ。わたしはこの祭りには上らない。わたしの時機はまだ満ちていないから」。

これらのことを言って、イエスはガリラヤにとどまった。（七章三〜九節　直訳）

前講で学びましたように、幕屋祭に向けてイスラエル全土から、また世界の各地から、ユダヤ人がエルサレムの都に集まってきていた時のこと、なぜかイエス・キリストだけは行こうとされませんでした。それで、イエスの兄弟たちは、

「兄さん、あなたは世の中に自分を宗教家として現そうと思って伝道しているのに、こんな田舎のガリラヤでそっと隠れていたりすべきじゃない。出家して宗教の道を志したからには、成功してほしい。宗教家として一旗揚げるには、今、幕屋祭でにぎわう都エルサレムに乗り込んでいって、華々しくやったらどうです」と言って、しきりに勧めました。

だがイエスは、

「わたしの時（カイロス）はまだ来ていない。おまえたちは勝手にエルサレムに上ったらいいだろう。わたしは行かない」と言って、兄弟の誘いをきっぱりと退けてしまいました。

それは、なぜなのか。ここに宗教上の一つの大きな問題があります。

宗教の本質とは

イエスとその兄弟たちとの間には、宗教に対する考え方に違いがありました。

宗教にとって、最も大切なことは何でしょうか。

宗教と一口に言いますが、仏教あり、神道あり、キリスト教あり、いろいろです。そのキリスト教にも、さまざまな教派、教会があります。宗教の表面的な表れ方もそれぞれでしょうが、大切なのは宗教の内容です。

宗教の内容、それは信仰です。神に信ずるということが大事なんです。

神に信ずる生活――それが内容であって、外面的に表れた宗教の表現ではありません。

神に対する態度、神に信ずるという心については、ほんとうに純粋でなければいけません。中身は隠れていても、自ずと外側に現れてくるものでして、現そうと焦る心よりも、つつましく生きたがよい。隠れたるに見たもう神様を相手に生きることこそ、信仰です。

一人ひとりの魂が救われるのは、宗教宗派の所属如何によらず、各自の信仰によります。

宗教は、本質である信仰が問題であって、世の中に公然と知られ、有名になることなんかどうでもよい。善き木に善き実が熟することは時機の問題でして、時機が到来したら、神がその人を現したもうでしょう。この点で、イエスとその兄弟たちとの宗教観が根本的に違っておりました。

宗教作りの誘惑

宗教を志す者にとって最も危険なことは、成功や名誉心をそそる誘惑です。私もさまざまな誘いを受けて、ずいぶん迷惑したことがあります。

「やあ手島さん、あなたほどの霊的な能力をもっているのなら、もっと大々的にやったらどうです。私が手伝いましょう」と言って、いろいろ誘惑する人がありました。

またある人は、さまざまな新興宗教の本山に私を連れていっては、「とにかく原始福音、これは伸びる。だからもっと伸びるように、これらの宗教のように組織化しよう」と言う。しかし、そんな組織化された宗教の中で、人の魂が救われるだろうか。個々の魂が救われぬようなことをしてどうするのか。

このような野心家が次々と現れ、私を担いで一教派を立てようとしました。しかし、*無教会主義で育った私に、そんな誘惑は通用しませんでした。彼らと私とでは、宗教に対する考えが全然違うんです。彼らは宗教の外側を問題にしているが、私は宗教の本質、信仰の如何を第一の問題としている。

イエスが問題とされたことも、旧新約聖書が問題としている要点も、信仰が第一であって、単にユダヤ教の繁栄ではありませんでした。モーセ、エリヤ、イザヤなどの戦いもそうでした。使徒パウロも、信仰の如何を第一にしました。

それで、兄弟たちが何と言おうと、どのように群衆が賞賛しようと、イエスは「わが道を行く」で、人々にご自分をお任せにならなかった。これがイエス・キリストの伝道の秘訣でした。天のカイロス（神機）が熟さずに宗教活動をやっても、それは人間の運動であって、神の運動ではないからです。

私たちも、あんまり一般の人と相談していたら、駄目になりますね。どうしてかというと、私たちにとって大事なのは信仰ということであって、宗教の外側を問題にしているわけではないからです。宗教は第二です。本質が外側を作るのであって、外側が本質を作るのではありません。

天の神様のみを見上げて生きる者は、他人の言葉に惑わされず、世と妥協せず、時流に抗しても歩むものなんです。これまた、幕屋人の信仰的体質というか、性格ではありませんか。

内容よりも、容れ物を大事がる

宗教は生命です。生命は腐敗しやすい。人はとかく生命より宗教の外側を求めたがります。それが派手であればあるほど耳目を奪われる。外側が立派だと御利益がありそうに見えるので、民衆はありがたがって喜ぶんです。

それで、内容の信仰よりも、容れ物を作ろうとする。会堂を造り、組織を作り、礼拝の形式を作ろうと努力します。内容の生命よりも、容れ物ばかり問題にしているのが、古今の宗教です。

五十年前（明治・大正時代）よりも、今のキリスト教は堕落がひどく目立ちます。日本のキリスト教も、昔はクリスチャンが社会から尊敬を受けたもので、少なからず敬虔な信心家がいました。切実に信仰の救いを求める魂は、必ず満ち足りるに至ります。しかし現実には、人々は**信仰**を求めるのに、どうして宗教という**容れ物**しか与えられないのか？

この大原因は聖俗の分離からくるんです。

マルティン・ルターが「万人祭司主義」を唱え、聖俗の区別を撤廃せよ、と叫びましたが、民衆は世俗の生活に忙しいので、神父や牧師、僧侶など、宗教専門の聖職者を必要とします。その聖職者が、旧約の預言者（イザヤ、エレミヤ、アモス、ホセアなど）のようであれば霊的指導者として仰ぐに足りますが、今の聖職者は神学校でも出れば資格が貰え、職業として食ってゆける。

宗教行事も形式的なことをするのならば、信仰がなくともできます。僧服でも着ていると、外目には敬虔そうですが、信仰がなければ白く塗った墓（マタイ伝二三章二七節）でして、内部の心は腐っている。そんな聖職者は、神様も顔を背けたがる輩です。

これも、一般民衆が自分たちの代わりに聖職者を神に仕えしめるからでして、霊的問題は聖職者にすっかり任せた気になり、自分たちは非信仰的な生活に没頭して、生活と信仰の一致がない。時々、寺院や教会、神社に参拝して宗教行事にはあやかりたがりますが、それも自分の安全と御利益のためや神罰を避けるためです。これでは、天の心を地に映し、「神意の天に成るごとくに、地にも成させたまえ」と祈って生きているのとは、まるで信仰の姿勢が違います。

私が若い頃に下宿していた家のおばあさんは、いつも数珠を持って「ナムアミダブツ、ナムアミダブツ」と念仏を唱えてお参りしていました。しかし、その後で、ひどい嫁いびりをする。そしてまた熱心に念仏を唱える。変でしたね。形は敬虔な宗教信者に見えても、天に通じるような信仰心がなくてやっているということです。

宗教を華々しくするとは

聖職者は、民衆に代わって神に奉仕するので、人々に目立つように公然と華々しくやらねば、ありがたがられません。熟練した牧師は祝禱のうなり方も上手ですし、禅寺の老師は読経がもったいぶっていて感心させられます。

夏のお盆になると、和尚さんは檀家回りに猫の手も借りたいほど忙しく、平常は乗らぬ自動車に小僧を乗せて稼がせる。それでも人手が足りず、近所の男をにわか坊主に仕立てて読経に差し向けます。それでも貧しい庶民は、「お坊さんが来た」と言って喜びます。あきれるじゃありませんか。

最近は、聖書を読んだことのない人間でも、キリスト教会で結婚式を挙げるのが大流行です。花嫁さんが洋装のウエディング・ドレスを着て立つのに、どうも神社で旧式なお祓いや祝詞では、しっくり感じが出ないんだそうです。美しい大会堂をもつ牧師さんほど、司式に「忙しい、忙しい」と言って、こぼしています。内心は商売繁盛で嬉しいくせに、嬉しいとは言いたがりません。私は嫌な牧師と混同されたくないので、司式はやめました。*レイパスター（平信徒*牧者）の諸兄姉に引き受けていただく次第です。

導師はただ一人キリスト

私は毎年夏になると、一か月間、日曜集会を休会とします。「それでは、信仰は、伝道はどうなりますか？」と言う人がいます。でもそれは、一か月の間、先生なしに一人ひとりが神と共にお歩きになる機会を作り、「これだけ独り歩きした、神に直に教えられた」ということを、ぜひ学んでほしいからです。

信仰とは、神と偕なる独り歩きです。人間の先生と歩くことではありません。

イエス・キリストは次のように言われました、

「あなたがたは先生と呼ばれてはならない。あなたがたの先生は、ただひとりであって、あなたがたはみな兄弟なのだから」（マタイ伝二三章八節）と。

私たちの導師は、ただ一人キリストであって、私たちは皆兄弟です。私も含めてですよ。私は聖書講義をしているから、先生と呼ばれることを否みませんけれども、夏の一か月間、休講にするのは各自が信仰の独り歩きをするためです。神ご自身と歩かなければ、信仰が身につくものですか。

死んであの世に行く時には、誰でも独りで死の闇路を行くんです。信仰は、ある意味で、ただ恐ろしい孤独の道を歩かねばなりません。それは、神と共にです。だから歩けるんですね。

ですからレイパスターの諸君、家庭集会を開いている人たちは、めいめいその地区で中心になって伝道してほしいと思うんです。そう勧めると、

「やっぱり伝道者の先生がいないとやりにくい」と言う。それに対して私は、

「いや、おかしな先生よりも君のほうがよっぽど良いよ」と言うんです。

多くの人が考え違いをしていますね。宗教は聖なるものであって、誰でも安易に踏み入ってはいけない。だから聖職ともいうべき人に任せて、自分たちはそのおこぼれに与ったらよい、と思っている。これを宗教改革したのがドイツのマルティン・ルターです。日本

では内村鑑三です。その流れを汲むのが私たちです。

職業宗教家を排す

宗教は最高に善いものです。しかし、この宗教を腐敗せしめる者は、聖職というか、いわゆる職業宗教家が存在して幅を利かせるためです。神の前に立ちはだかり、仲介役をしている宗教ブローカーを一掃するためには、レイパスターが立ち上がらねばなりません。宗教が制度化してくると生命を失い、固定化して儀式宗教となり、堕落します。宗教家が職業的にプロフェッショナルになると堕落して、のさばってくる。私たちはこれを打破してゆきたい。宗教革命の命題の一つは、これにある。

ここに私は、幕屋においては専任の宗教人というか、伝道者たる者を厳選したいと思うんです。そうでないならば、原始福音でなくなります。そんな点、I君は自ら伝道者であることを辞して、「私は真の一信者として神を証しし、御名のために生き抜きたい」と言います。ほんとうにそうです。私たちは皆そうなんです。それで全幕屋は、レイパスターの皆が活躍する態勢を、どこででもとってもらいたいと思うんです。

信仰は場所によらない

今のキリスト教の伝道は、まず会堂造りに熱心です。彼らは、「大きな教会堂を造ろう。貧弱な教会堂では人が集まらないから」などと言う。これも、宗教の外側ばかりを重んじて本質を重んじないから、そんなことを考えるんです。なんという錯覚でしょう。人々の心は霊の欠乏に飢えているのに、物質的な外観の見せかけで補おうとする。パンを求める者に石を与えます。

外側を壊してでも、なぜ本質に迫ろうとしないのか。これが私の問題とするところです。私たちは、主イエスの弟子たちのように、ガリラヤの海辺や荒野に集って神を賛美し、山上で垂訓を聴けば信仰には十分なんです。ですから、私たちは何も会堂を造らない。貧しくともいいじゃないか。会堂がなくてもいいじゃないか。イエス・キリストはそうだったんです。心から神の御名を誉めちぎって、激しく泣き狂うぐらいに嬉しい集会ができさえすれば、どんな所でもいいじゃないですか。それが野原であれ、山であれ、また裏町の小さなあばら家であってもいいんです！　信仰とは、神に対する人間の態度です。それが大事です。宗教の形式ややり方はどうでもいい。

「どうも祈る場所がないから、祈るにふさわしい所に行きたい」と言う人が、幕屋の中にもあります。しかし私が以前、熊本におりました頃は、新市街という市内でいちばん俗っぽい歓楽街のそばに住んでいました。その付近は夜の街ですから、連れ込み宿が裏に並んでいるような所です。私は、そこの狭い路地から壁一枚隔てて、男女の猥雑な会話が聞こえるような寝床で毎日寝ておりました。しかし、私の心は天に遊ぶがごとしでした。俗の俗の中にあっても、「神様、嬉しいです。あなたと共にあって、私は嬉しくてたまりません」と言って、毎朝目覚めたものです。

信仰は、場所にはよりません。どんな所でもいいんです。

それを、外側を素晴らしくしようとするから、会堂、会堂といって信者に財政的負担をかけ、会員を増やすのに努力する。しかし、統計上は信者数が多くとも、どこの教会も礼拝はガランとしています。それでは困るので、レクリエーションやら趣味の会やら、英語のバイブルクラスやらが催されます。アメリカの教会では、ダンスホールや娯楽場まで備わっている。日本の大教会でも、一部を開放して喫茶店などを経営したり、過激な左翼運動の事務所に貸していて平気です。

この世の神なき人たちを相手に利潤を上げ、商売をやって、その収入で教会の経済を補っている。というよりも、大いに稼ぎます。だが、なんという宗教の堕落ではないでしょうか。これが、現代の宗教のありさまです。

宗教の本質、「信仰」ということを第二にするから宗教が振るわないんです。

信仰という霊的なものは、霊をもって満たす以外にないということを知らず、なぜ物をもって満たそうとするんでしょう。ここに大きな間違いがあります。こういうことを見ると、宗教までが物質の奴隷、経済の奴隷になってしまったと思います。

昔の徳川時代の日本人は違っていました。寺小屋で*四書五経を教える先生は、ほんとうに威厳があったものです。貧しくとも、精神を誇って生きました。明治時代の牧師の中には、そういう先生たちがいました。しかし、今はもう全然見る影もないですね。

大いなるものに己を捧げる心

どうしてイエスとその兄弟たちとは話が合わないか。こと、信仰についての考え方が違うからです。

私たちにとって信仰は、神にすべてを打ち任せて生きてゆくことです。昔の日本人はそのことを知っていました。しかし今は自分中心で、自分を神様のような位置に置いてしまいますから、大自然の審判を畏れるといったような心はもうありません。

この五十年の間に、悪い意味でずいぶん時代が変わってしまい、非宗教的になってしまったと思います。昔の人たちは、キリスト教のような信仰をもたなくても、もっと宗教的でした。

宗教の本質である信仰とは何でしょう。

まず、自分以上のものに身を捧げることをいうんです。神様に身を捧げて生きることは、小さくいえば、親や主君に対して、また国に対して自分を捧げて生きることにも通じます。

昨年、会津若松へ行きました。明治維新の時に、会津藩が官軍と戦って最後に敗れた地です。しかし彼らは、何も官軍と戦ったつもりではなかったでしょう。徳川の親藩として、薩長土肥の新勢力に抵抗したんです。

会津若松の飯盛山を訪れ、「ここが＊白虎隊が自刃した所です」と案内された時に、私はしばし頭(こうべ)を垂(た)れました。彼らは十六、七歳(さい)の少年たちでしたが、主君のために戦った。そして、形勢の不利を悟(さと)ると、潔(いさぎよ)く自刃(じじん)してゆきました。彼らが出陣(しゅつじん)する時、ある母親が、

梓弓(あずさゆみ)むかふ矢先はしげくともひきなかへしそ武士(もののふ)の道

と詠(うた)ったそうです。

矢がどんどん飛んできても退却(たいきゃく)などはしてくれるな。戦(いくさ)に出かけるのならば立派(りっぱ)に死んできなさい。それが武士の道です——こういうことを言えた母親たちは偉(えら)かった。今、皆(みな)さんは、「大義のため、大きな真理のために、あなたが死んでゆくのを母として私は誉(ほ)めます」と言えますか。昔の日本婦人たちは、それが言えました。

日本の各地を訪(たず)ねましたが、会津地方には昔の会津精神が今も少し残っています。人柄(ひとがら)が良いですね。あのように素晴(すば)らしい人たちが住んでいる所が、またとあろうか。もし許されるならば、私はぜひあそこで伝道したいと思いました。

今の教育では、そんな戦争のために腹(はら)を切って死ぬのは犬死にだ、と教えるかもしれません。しかし、私が育った時代、そうは教えられませんでした。大いなるもののために死

白虎隊士の墓（飯盛山）

んでゆく人間は尊い、ということを学んだ。そのことは、ほんとうに良かったと思います。ずいぶん変わってしまったものです。

現代は、多くの人々が偶像を崇拝はしないでしょう。だが、もっと悪いことをしています。それは、自分自身を崇拝することです。自分が第一ですね。

愛による審判

神の時、審きの時というものがあります。その時を契機に、歴史が、また個人の運命が大きく分かれてしまう。その時に善処しなければ、運命を逃してしまいます。

関東大震災は天の審きであったなどとはけしからん、と今の人は言います。けれども、ある段階でその歴史的時間にピリオドを打たないと大変です。それで神様は、「待った！」と言って審かれることがある。しかし、それはまた救いの時でもあります。

大東亜戦争では多くの人々が悲惨な状況に陥りましたが、そのことによって時代の立て直しができました。大きい意味で神の審きは、神の愛です。愛すればこそ日本を、これでもか、これでもかといって、神は鞭打っておられるのだと思います。それを悟らなければ、再び大きな鞭が来るでしょう。

神に立ち帰らない限り、日本人は物質の奴隷となるか、それとも自滅するかです。

審くなんて、そんな恐ろしい神様は信じたくない、と言う人もあるでしょう。

しかし、わが子が盗みをしたら、私は容赦しません。それは、子供を愛しているからです。私は、私の事務所で働いている人や伝道を志している人に対しては、厳しく叱ることがあります。愛しているからです。愛すればこそ、怒ります。神様も同様ではないかと思います。

ここでもう一度、関東大震災や日本降伏の日のことを私は考えてみるんです。

神様があのように懲らしめられた時というものを、もう忘れてしまっている日本人。これで良いのかと思います。

（一九七三年九月二日 ②）

＊無教会主義…内村鑑三が主張したキリスト教のあり方。彼は、教会を中心としたキリスト教のあらゆる伝統的制度に対して、「教会の建物はもちろん、その組織、また牧師の資格や洗礼などの教会儀礼も信仰に不可欠なものではない。福音の理解は、聖書そのものの正しい研究によってのみ得られる」として無教会主義を唱えた。

＊レイパスター…英語の lay pastor から「平信徒牧者」と訳される。詳しくは、第三九講一二六頁以降を参照。

＊牧者…信徒の群れに仕え導く者、の意。

＊四書五経…『大学』『中庸』『論語』『孟子』の四書と、『易経』『書経』『詩経』『礼記』『春秋』の五経の総称。共に儒教の経典として尊重された。

＊白虎隊…一八六八年、戊辰戦争において会津藩が組織した藩士の子弟の隊の一つ。白虎隊は、十六、七歳の少年たちで結成された最も若い隊。激戦を経て生き残った二十名が飯盛山で自刃。

〔第三七講　聖句　ヨハネ伝七章一四〜二〇節〕

14祭りも半ばになってから、イエスは宮に上って教え始められた。15すると、ユ
ダヤ人たちは驚いて言った、「この人は学問をしたこともないのに、どうして律法
の知識をもっているのだろう」。16そこでイエスは彼らに答えて言われた、「わたし
の教えはわたし自身の教えではなく、わたしをつかわされたかたの教えである。
17神のみこころを行おうと思う者であれば、だれでも、わたしの語っているこの
教えが神からのものか、それとも、わたし自身から出たものか、わかるであろう。
18自分から出たことを語る者は、自分の栄光を求めるが、自分をつかわされたか
たの栄光を求める者は真実であって、その人の内には偽りがない。19モーセはあな
たがたに律法を与えたではないか。それだのに、あなたがたのうちには、その律法
を行う者がひとりもない。あなたがたは、なぜわたしを殺そうと思っているのか」。
20群衆は答えた、「あなたは悪霊に取りつかれている。だれがあなたを殺そうと思
っているものか」。

第三七講

学びしことなき者が

ヨハネ伝七章一四～二〇節

今更ながら、私が痛ましいほど感ずるのは、自分が無学だということです。もし、商業学校の教師をしたり実業界で生きるのでしたら、自分の専門ですからあまり気にもなりませんでしたが、中年になってキリスト教伝道に転向したんですから、人々から浅学を卑下され、悪口を言われてもしかたがありません。

何も正規の神学課程とかを修めたわけでもない私は、すべてが独学の勉強です。そんな無学者が、大東京の中央部・国会議事堂を横目にして臆面もなく聖書講義を続けているとは、とんだ恥さらしで、鉄面皮の厚かましさもひどいと思ったりします。時には、日曜日の朝が来るのがうらめしくて、やりきれぬこともあります。

また、『生命の光』誌が月々二万部も刊行され、『週刊 原始福音』でも約一万部も出ているのを思うと、自分の恥さらしの範囲も大きすぎて、活字は永く残りますし、人様の前によう顔を上げえぬこと、しばしばです。

しかし、それでも私は自らを忘れて眉を上げ、大声にキリストの福音を獅子吼します。何が私をそうさせるのか? 私の心の底から衝き上げてくるものがあるからです。聖なる霊に促されるからです。

私に福音を説く資格があるとは、思いもしません。しかし、詩篇五一篇のダビデではありませんが、罪に悔い砕けた私の魂は、同様に罪に悩む人々に神のご愛を伝えて、喜びの道を報ぜずにはおられないんです。

もし伝道ということが、神学知識を切り売りしたり、教会の教理を分配することでしたら、とても講壇に立つどころか、足はすくみ、しどろもどろ、私の口唇は痙攣してしまうでしょう。

だが私の伝道講義は、主キリストの十字架の御血汐を崇め、その喜びの霊的体験を語るだけのことですから、いとも単純です。単純だが、その経験があまりに不思議で、多彩で豊富ですから、いつまで語り明かしても語り尽くせません。

ところで、主イエスも私と同様でして、しかし同様ではないのでした。

宗教教育を受けていないイエス

イエス・キリストは、兄弟たちからご自分の宗教を広めるためにユダヤの大祭である幕屋祭（仮庵の祭り）に行くように勧められましたが、「わたしの時はまだ来ていない」と言って断りました。しかしその後、人に知られないようにエルサレムに上られました。その時のことが七章一四節以降に記されています。

祭りも半ばになってから、イエスは宮に上って教え始められた。すると、ユダヤ人たちは驚いて（驚き怪しんで）言った、「この人は学問をしたこともないのに、どうして律法の知識をもっているのだろう」。そこでイエスは彼らに答えて言われた、「わたしの教えはわたし自身の教えではなく、わたしをつかわされたかたの教えである」。

（七章一四～一六節）

幕屋祭の半ば（四日目頃）、イエス・キリストはエルサレム神殿の内苑で民衆に公然と宗教の何たるかを教えはじめられた。すると、その教えにユダヤ人たちは驚き怪しみました。それは、イエスが驚くべき権威と説得力をもって、人々の心に迫ったからでした。

七章一五節に、

「この人は学問をしたこともないのに、どうして律法の知識をもっているのだろう」とありますが、これは原文と少し意味が違います。ここで「学問」というのは、ユダヤ教の師について学び、ラビ（教法師）となるような宗教教育のことでしょう。また「律法の知識」と訳された「γραμματα」は、もともとは「書かれた文字、学問」という意味のギリシア語です。そこから派生して「旧約聖書、律法」という意味になります。ですから直訳すると、「この者は、（ラビの許で）学んだこともないのに、どうしてγραμματα（書かれた文字、すなわち旧約聖書）を知っているのか」となります。

イエス・キリストはナザレの大工で、正規の宗教教育を受けた人ではありません。それだけに、その権威ある教えを聞いた宗教都市エルサレムの人たちは驚嘆した、というわけです。

ジョン・バニヤン*と『天路歴程』*

十七、八世紀のイギリスで、最も広く読まれた本は、ジョン・バニヤンが書いた『天路歴程』でした。彼は貧しい鋳掛屋でした。当時は、農夫や職人には学問は不要とされていて、読み書きも知らぬ者ばかり。バニヤンも小学教育しか受けておらず、無学な人でした。しかし、結婚した妻が信仰深い婦人で、その影響で信仰の道に入りました。やがて彼は、胸にやみがたい宗教的関心が起き、聖書をむさぼり読むようになりました。ついには、聖書を暗記するほど読みました。そして人々にキリストを伝えはじめましたが、無免許で伝道したということで捕らえられ、十二年もの間、暗い牢獄につながれる身となりました。

しかし獄中で祈りつつ、単純な言葉と聖句を織り交ぜて綴ったのが、珠玉の名作『天路歴程』です。この本は、聖書に次ぐベストセラーとして、世界の各国語に翻訳され、愛読されてきました。彼はその他、多くの本を書いています。

無学なバニヤンの本を読んで、世界じゅうの人々が感激する。これは何を意味するのか。

イエス・キリストが歩かれ、説かれた信仰の道というものは、学校教育によって与えられるしろものとは違う、ということです。

「学びしことなき者が、権威ある教えを語ることができる」というこのヨハネ伝の一句は、私たち浅学な人間には大きな慰めではありませんか！

ああ、新保恒男君も

四年前（一九六九年）、四国の伝道の途上で亡くなった新保恒男君も、小学校しか出ていませんでした。だが、聖書を原文のギリシア語で読む力は抜群でした。彼は幼くして両親を亡くし、伯父さんに貰われ、焼き物の下絵かきとして育てられました。その後、胸を病んで東京・清瀬の結核療養所に入ったが、そこで幕屋と出合い、当時熊本にいた私の許に信仰を学びに来ました。

ある時、津田塾大学を出た梅本愛子先生らと共に、彼にマルコ伝の翻訳を頼んだことがありました。すると梅本先生が、「新保さんの聖書ギリシア語は、なんと素晴らしいでしょう」と驚いておられました。梅本先生は、ギリシア語を無教会の聖書学者・黒崎幸吉氏について学んだ人ですから本格派ですが、新保君をほんとうに誉めていました。

また彼は、小学校しか出ていないんですから、英語も読めないはずです。しかし、英語の注解書を読んでは、熱心に訳注をつけておりました。もちろん、英語やギリシア語、ヘブライ語の文字が読めても、それで聖書の宗教がわかるものではありません。だが新保君には、そうしてでも聖書の真理を学ぶ精神がありました。

手島郁郎と新保恒男さん

彼は体が小さく、手術して片肺を取られた人ですから、いつも猫背で風采の上がらぬ男でした。けれども、ひとたび彼に触れた人たちは、「ああ、新保先生、先生の信仰には深味がある」と言って慕いました。

宗教は学問ではありません。神を知るということは、個人個人が神に愛された体験に基づくものであって、本を読んだら神様がわかると思ったら大間違いです。イエス・キリストがそうでした。

深い宗教的体験というものは、学問によって与えられるものとは違います。しかしこれは、若い諸君に「勉強しなくてもいいんだ」と怠けることを教えるわけではありません。新保君は信仰が進めば進むほど、聖書を学びました。信仰がわかればわかるほど、聖書を深く勉強したいと思うものなんです。また聖書を心読し、深く学ぶことによって、新しい信仰の境地が開かれてくるんです。しかし、ほんとうに信仰のわからない人は、聖書を勉強しません。

聖書の水準を目指して

先日、長野県白馬村での聖会の最後に、私は静岡で伝道している若いN君を叱りました。そして、謹慎を命じました。一週間ばかり経ったら彼は東京にやって来て、「先生、悔い改めました。お許しください」と言うが、「会わぬ、帰れ」と言って、私は許しませんでした。後で人を通して伝えました、「祈って非を悟ったというが、私は信じない。祈ることは寝ていたって祈れる。祈って変わったと口で言っても、一見すれば霊性の状態がわかる。聖書は不朽の聖典だ。その水準に信仰を高めようと学んでこそ、魂は向上するんだ。自己流で解釈しても、自分以上には読めない。自分を引き上げるためには、一語一語、原文に照らして、眼光紙背に徹する真剣さが必要なのだ」と。

学ぶということは、本気でないと駄目です。

彼は優秀です。また、純情なところがある。だが、彼を大成させるためにどうするか、ということは別です。やはり、鞭を振るうときは振るってやらなければ、大成しません。聖書を学ぶということをほんとうに教えなくては、彼に聖書の講義などできるものか、と言うんです。

私たちの信仰は、どうしたら向上してゆくか。

それは、目標がなければ向上しません。では、何に向かって進んでゆくのか。

N君のように「悪かった」と悔い改めただけでは伸びはしません。聖書には、素晴らしい霊的な人たちの活躍の跡が書かれています。このような人たちを用いて、神は奇跡をもってでも時代に神の御心を示したもうた。私たちが聖書を読むのは、そのような聖書の水準の信仰に何とか達しようとするためです。

ここに、聖書を学ばねばならぬ理由があるんです。聖書の信仰を目標とせずに、ただ「自分は悪かった」と自己反省を繰り返していても、霊性は伸びず、冴えません。

先日も、ある伝道者の聖書を見て、私は「君の聖書はきれいだな」と言いました。原文に照らして書き変えたところや書き込みもなく、勉強していない。彼は神学校を出ていますから、神学といったものに興味があるんですね。神学は、本を読んで自分で考えればいいんですから、思想的な理解です。それでは行き詰まります。

彼は、良い本を読んで知恵を湧かそうと思っている。しかし、聖書に照らして自分の信仰を進めるということさえすれば、何もそんなに頭痛鉢巻きで聖書講義のために神学書などを読まなくてもいいですね。

私はただ、聖書を読むだけです。そして、聖書はどのように信仰を伝えようとしているのか、イエス様は何を語ろうとされたのかを深く瞑想するだけです。またヨハネ伝において、ヨハネはどのように信仰を伝えようとしているのか。私のように頭の悪い男は、「主様、教えてください！　教えてください！」と啓示を祈るしかありません。神様が私を用いようとされているのならば、用いたもうお方の心を知らずに、わが心を語ったら、必ず失敗します。

いくら参考書を引いて準備した聖書講義でも、それは理屈を喋々と述べただけにすぎません。それによって知的満足は得られても、人の魂の救いとはなりません。宗教は学問の世界ではないからです。

預言者マホメットの召命

ユダヤ教は優れた宗教です。しかし、二千年前のローマ帝国の支配下にあった時代には神の声を聴く者は絶え、堕落していました。けれども、イエス・キリストが出現したために、もう一度、息吹き返しました。

神様は、いつも神の人をお立てになって、神直々にその器を通して世の人に語りたまい、ご自身の宗教を立て直し、改革なさいます。小さなユダヤ地方に起こったイエスの教えは、その弟子たちやパウロによって広く地中海沿岸にまで伝えられました。しかし、広がったはずのキリスト教は、西洋のギリシア・ローマ文明に毒され、聖書の宗教はすっかり変質したものになってしまいました。

すると、イエス・キリストから六百年ほど経(た)って、神はまた一人の不思議な人物を捉(とら)えられました。それがイスラム教の基(もとい)となったマホメットです。今は、イスラム教を後進の地域(ちいき)の宗教のように思うかもしれません。しかし千年前は、ヨーロッパ文明をはるかにしのぐ高度な文芸文化の花が咲(さ)き、大いに宗教は指導力をもっていました。

マホメットは西暦(せいれき)五七〇年頃(ごろ)、アラビアのメッカに生まれました。

彼が生まれた時、すでに父は亡(な)く、母も六歳(さい)の時に亡くなって祖父や叔父(おじ)に育てられました。マホメットは少年の頃から人に雇(やと)われ、貧困(ひんこん)と逆境の中で生きてゆかねばなりませんでした。やがて彼が隊商(キャラバン)に加わって働いていた時に、女主人で寡婦(かふ)のハディージャからその忠実(ちゅうじつ)な仕事ぶりを見込(みこ)まれて、結婚(けっこん)しました。この婦人が非常に宗教的素質のある人でして、マホメットは彼女の感化を受けました。

また、彼には年老いた叔父がおりました。この人は、ユダヤ教やキリスト教の影響(えいきょう)を受けて、「偶像教(ぐうぞうきょう)、多神教は間違(まちが)っている。神はただ一つである」と言う信仰者でした。彼はマホメットを連れてエルサレムを通り、シリアのダマスコまで出かけていったことがあります。マホメットは彼の感化もずいぶん受けて、何が本当の宗教であるかを知りました。

やがて、彼の心に真の宗教への渇き、霊的な渇きが激しくなりました。仕事も手につかず、起きているのか寝ているのかわからないようになって、皆から気が狂ったと思われるようになった。

彼は、メッカの近くのヒラー山でよく祈っていましたが、しばしば霊がやって来て彼を試みました。そうしているうちに、彼は不思議な経験に入りました。

彼が四十歳になったラマダンの月（イスラム暦の第九月）のことでした。

アラビアの山々が寂寞として静まり返る中、ある夜、マホメットがヒラー山の洞窟で祈っていると、突然天使ガブリエルが絹織物を手にして現れた。その絹織物には、いっぱい文字が書いてあった。すると天使は、

「イクラー！（誦め！）」と命じました。びっくりしたマホメットは、

「私は無学な者で、誦むことができません」と答えました。すると天使はマホメットを押さえつけ、その絹織物で彼の首を絞め、殺そうとした。やっとゆるめて再び、

「誦め！」と叫びました。

「私は文字を知りません」と言うと、三度目にまた繰り返して、

「誦め！」と命じるので、マホメットは感じるままに誦んだ。

誦め、「創造主なる主の御名において。
いとも小さい凝血から人間をば創りなし給う」。
誦め、「汝の主はこよなく有難いお方。
筆もつすべを教え給う。
人間に未知なることを教え給う」と。

（『コーラン』＊九六章一～五節　井筒俊彦訳）

そこでマホメットは我に返りましたが、天使の言葉は彼の心にくっきりと書きつけられたように、そのまま残っていたといいます。そのように文字を知らない人が、神の霊感で、神の命ずるままを悟るようになり、預言者となった。その後マホメットは、次々と神に啓示されるままに語り、それが編集されて『コーラン』となりました。

こうしてマホメットが最初に啓示を受けた出来事を記念して、今でもイスラム教徒はラマダンの月に一か月間、断食して過ごします。

ハディージャの励まし

最初は天啓の経験は奇異でして、何者か（霊的実在）が近づくのに恐怖を感じ、戦慄したり失神したりしますので、妻のハディージャはマホメットを自分の外套の中にかばい包んで、なだめたりしていました。マホメットは、自分に悪霊が取りついたのではないかと恐れていましたが、ハディージャだけは夫を信じ励まして、

「悪霊ではありません。神の天使に違いありません。人々がどんなにひどい悪口を言おうとも、あなたの光まばゆいお姿を見たら、あなたの尊さが私にはわかります。あなたは、この民の預言者であると思います」

「私が預言者なものか。もっと偉い人がいるよ」

「いいえ、あなたは預言者です。お顔を見ればわかります。あなたはこれから、宗教家としてお立ちください」と言って、預言者としての自覚を促しました。

十五歳も年上の姉女房も姉女房、ハディージャあったればこそ、マホメットは神の預言者たりえたのです。そして、ハディージャは自らマホメットの信者第一号となって、夫

の教えに帰依し従ってゆきました。

神霊によって刻まれた言葉

神様は、いつも神の人をお立てになり、神直々にその器を通して語りたもうて、ご自分の宗教を改革なさいます。

マホメットは無学な人でした。だが、どうです。文字を読むことも知らないマホメットの出現は、世界の地図を塗り替えました。そして今や、中近東地方はもちろん、アフリカやインドネシア、中国に至るまで、多くのイスラム教徒がおります。

このように学びしことなきマホメットでしたが、主は「人間に未知なることを教え給う」(『コーラン』九六章五節)とあるように、神の手によって心に書きつけられた経験を述べております。

『コーラン』に収められた彼の言葉は、多くが旧約聖書にもある内容ですが、それらは文字として学んだのではありません。彼の心の肉碑に、神の霊によって刻まれたものです。

パウロも、コリント教会の教友たちに同様のことを言っております。

わたしたちの推薦状は、あなたがたなのである。それは、わたしたちの心にしるされていて、すべての人に知られ、かつ読まれている。そして、あなたがたは自分自身が、わたしたちから送られたキリストの手紙であって、墨によらず生ける神の霊によって書かれ、石の板にではなく人の心の板に書かれたものであることを、はっきりとあらわしている。

（コリント後書三章二、三節）

本当の信仰者というものは、紙に書かれた文字ではなく、心の肉碑に神の霊によって刻まれた神の言葉を、自分のものにしているということです。

イエス・キリストもナザレの大工であって、学問はありませんでした。しかし、天の書を読み、天の声を聴いて、これを多くの人に語った時に、「あなたの宗教は自己流だ」とユダヤ人たちに非難された。しかしイエスは、「自己流ではない。わたしを遣わし、わたしに語りかけ、わたしを強制するお方の声を取り次いでいるだけだ」とお答えでした。

代々の預言者は、皆そうです。しかし、宗教がすっかり廃れてしまいますと、もう神は語らない沈黙の神であるかのごとくに人々は思います。

神ご自身に学べ！

今の人は、宗教的な知識というものは何か哲学することによって、神学書を読むことによってわかると考え違いをしております。しかし、「学びしことなき者が、なぜ教えることができるのか」という、このようなわずかな一句ですけれども、私にとっては大きな慰めであり、救いです。

初期の日本キリスト教界の指導者の一人であった植村正久*先生は、聖霊の体験をもっておられた人でした。教会で講壇に立つ時に、もし聖霊に満たされておらず、神のご臨在を感じないときは、立つのをやめて他の人に頼まれたという。ほんとうにそうでなければいけないと思います。世の哲学、人の思想を読んで伝えるのならば他の誰にでもできることです。だが、何か読みかじったことを告げることによってでは、人は救われないんです。

よく私はいろいろな人から、また教会の牧師さんたちから聞かれます、「あなたはどこの神学校を出たのですか？」と。

「私は長崎の高等商業を卒業しただけです。商売の学校です。商売なら上手です」と言うんですね。それで愛想を尽かして、離れる人たちもたくさんあります。

それだけに、学びしことなき者が宗教を伝えるということについては、

「今も生きたもう主よ！　どうぞここに臨在して私を教え、一人ひとりのハートに触れて、どうか教えてください！」と祈るしかありません。

神ご自身に学ばずに、誰に学ぶというんです！　人々は伝道者に学ぶ、牧師さんに学ぶという。だが、人に学んでいる間は駄目です。キリストから直接教えられる信仰を身につけなければ駄目です。

服従して実行する信仰

問題は、どうしたら自分も神の声を聴き、神の文字を読む者になれるのか、とお思いでしょう。それについて、イエス・キリストは次のように言っておられます。

「神のみこころ（意思）を行おうと思う（欲する、願っている）者であれば、だれでも、

わたしの語っているこの教えが神（の中）からのものか、それとも、わたし自身から出たものか（語っているか）、わかるであろう」。（七章一七節）

「知行合一」という言葉がありますが、知ることと行なうことが一つであるということが大切です。神の御心を行なおうと思う者ならわかる、行なおうと欲しないからわからないんです。

マホメットによって始まった宗教をイスラム教といいますが、「イスラム」というのは、「服従する、信じて従う」という意味ですね。すっかり神に任せきって神の導きに従う者を、ムスリム（イスラム教徒）というんです。マホメットは、まさにそのような人でした。ですから人から狂気と言われても、人の声よりも神の声を第一にして従いました。迫害にさらされながらも、神の声だけに聴いて生きた彼は、ついに伝道に勝利しました。

多くの人が、宗教は専門の伝道者や宗教家がするように思いますが、マホメットは一介の商人でした。しかし、ある時から彼は神の声を聴くようになった。聴いて、気が狂いそうだったんです。しかし、神の導くままに彼は従いました。

同様に私たちも、キリストに従う心さえあれば、専門の伝道者でなくてもいいんです。どうか私たちも、これから「神様、教えてください、この問題について教えてください」と祈りながら、神の示したもう道に歩んでゆきたい。

今のキリスト教は聖書的でありませんから、神の御声に聴こうなどとはしません。

それで、「神の語りたもう声を聴け！」と言うと、「あれはシャーマニズムだ。おかしい」などと批判する。だが、生きた神は語るんです！　信仰は、神の語りたもう声を聴こうとする態度から始まります。

イエス様は、ここでどうおっしゃっていますか。

「わたしが神の御心を語っていることは、モーセの律法をほんとうに守ろう、生きようと思う者にはわかる」と言われるように、神の御心を信じて行なう者、従う者には、神の声が聞こえる。神の御旨が示されるんです。

しかし、多くの人はただ聖書を読むだけ、文字を読むだけです。神の言葉を守り行なおうと思わないで一片の知識にしようと思う人には、これはわからない。イエスの教えが自己流であるかどうかということは、行なおう、従おうとする者にはわかるということです。

神に聴(き)いて生きる者は誰(だれ)か

「自分から出たことを語る者は、自分の栄光(栄誉(えいよ))を求めるが、(しかし)自分をつかわされたかたの栄光を求める者は真実であって、その人の内には偽(いつわ)り(不義)がない。モーセはあなたがたに律法(りっぽう)を与(あた)えたではないか。それだのに、あなたがたのうちには、その律法を行う者がひとりもない。あなたがたは、なぜわたしを殺そうと思って(求めて)いるのか」。群衆(ぐんしゅう)は答えた、「あなたは悪霊に取りつかれている(悪魔(あくま)をもっている)。だれがあなたを殺そうと思って(求めて)いるものか」。

(七章一八～二〇節)

イエス・キリストが人々に対して、「モーセが律法を与えたのに、あなたがたは律法を行わない。あなたがたは、なぜわたしを殺そうとするのか」と言われると、人々は「あなたは悪霊に取りつかれている」と答えました。それは、気が狂(くる)っている、という意味ですね。しかし、人々から気が狂っていると言われても、キリストはまっすぐに遣(つか)わしたもうた者の御声を、御旨を取り次ぎ、それを実現しようと一生懸命に努力されました。

霊的であるということは、時に狂っているように普通の人には見えることもある。それで、「悪霊がついている」というような言われ方を、イエス様すらされた。マホメットもそうでした。

また、百年戦争の苦しみからフランスを救ったジャンヌ・ダルク*もそうでした。

彼女は学校にも行ったことがなく、戦争のしかたも知らないはずの十七、八歳の少女でした。しかし、ある時から神の声を聴くようになった。そして、彼女が馬に乗って陣頭に立つと、将軍たちも感服して従ったものです。

何ゆえ田舎の小娘に、そのような不思議な力と知恵が臨んだのでしょうか。

それは、内なる声が彼女を導きだしたからです。学びしことなき田舎娘が、全フランスを救ったんです。するとどうでしょうか、私たちにも神の御霊が臨むときに、何かが起きる！　このような不思議な経験を、求めようと思いませんか！　フランスを救ったのは、英雄、豪傑、大将軍ではなかった。*オルレアンの一少女でした。こういうことは、研究しても研究し尽くせない題材がありますね。

彼女の最後は、敵軍に捕らえられて宗教裁判にかけられ、異端として火刑に処せられました。多くの人は自分の誉れや栄光を求めますが、神一筋に生きたジャンヌ・ダルクは、いちばん恥ずかしい死に方で若い命を絶たれた。それでも彼女は、黙って神の声に聴き従おうとした。なんと立派じゃないですか！

マホメットにしてもジャンヌ・ダルクにしても、このような信仰の姿は、宗教宗派の問題ではありません。誰がほんとうに神に聴いて生きたかということです。

神の人モーセは言いました、

「あなたの神、主はあなたのうちから、あなたの同胞のうちから、わたしのようなひとりの預言者をあなたのために起されるであろう。あなたがたは彼に聞き従わなければならない」(申命記一八章一五節)と。

その人こそ聖書の預言者たちであり、またイエス・キリストでした。

私たちも肉の生身ですけれども、もし神の御言葉を聴いて、それを伝える発音器官となることができるならば、こんな幸いなことはありません。これは宗教の極意です。

聖霊の神様！　私たちはどう祈るべきかを知りませんけれど、言いがたき呻きをもって私たちに祈りを教え、言葉を出させてください。私たちを潔め、高めてください。高い境地から物を見させてください！

なすべきことを教えてください、と皆で祈ろうではありませんか！

（一九七三年九月九日）

＊ジョン・バニヤン…一六二八～一六八八年。イギリスの伝道者、宗教作家。『天路歴程』の他に『あふるる恩寵』『悪太郎の一生』『聖戦』などの著作がある。

＊天路歴程…主人公が「破滅の町」から巡礼に出発し、「死の陰の谷」「虚栄の市」「疑惑の城」などを経て、ついに天の都に至る道程を描いた寓意物語。ピューリタン文学の傑作。

＊コーラン（クルアーン）…「読誦されるもの」の意。イスラム教の聖典。百十四章から成る。

＊植村正久…一八五八～一九二五年。明治・大正期の指導的キリスト教教師。旗本の子として生まれる。日本が開国して間もない横浜で英語を学び、後に伝道者となる。

＊ジャンヌ・ダルク…一四一二（？）～一四三一年。「オルレアンの少女」とも呼ばれる。異端と

して殺されるが、後に名誉が回復され、聖女に加えられる。

＊オルレアン…フランスとイギリスが戦った百年戦争中、フランス側王家の拠点となった地。イギリス軍に包囲された町オルレアンは、ジャンヌ・ダルクの出現によって解放された。そこからフランスは勝勢に転じ、国土を奪回した。

〔第三八講　聖句　ヨハネ伝七章二一～二九節〕

21イエスは彼らに答えて言われた、「わたしが一つのわざをしたところ、あなた
がたは皆それを見て驚いている。22モーセはあなたがたに割礼を命じたので、（こ
れは、実は、モーセから始まったのではなく、先祖たちから始まったものである）
あなたがたは安息日にも人に割礼を施している。23もし、モーセの律法が破られな
いように、安息日であっても割礼を受けるのなら、安息日に人の全身を丈夫にし
てやったからといって、どうして、そんなにおこるのか。24うわべで人をさばかな
いで、正しいさばきをするがよい」。

25さて、エルサレムのある人たちが言った、「この人は人々が殺そうと思ってい
る者ではないか。26見よ、彼は公然と語っているのに、人々はこれに対して何も言
わない。役人たちは、この人がキリストであることを、ほんとうに知っているので
はなかろうか。27わたしたちはこの人がどこからきたのか知っている。しかし、キ
リストが現れる時には、どこから来るのか知っている者は、ひとりもいない」。

28イエスは宮の内で教えながら、叫んで言われた、「あなたがたは、わたしを知
っており、また、わたしがどこからきたかも知っている。しかし、わたしは自分か
らきたのではない。わたしをつかわされたかたは真実であるが、あなたがたは、そ
のかたを知らない。29わたしは、そのかたを知っている。わたしはそのかたのもと
からきた者で、そのかたがわたしをつかわされたのである」。

第三八講

真の実在との出会い

ヨハネ伝七章二一〜二九節

先ほど、スイスに行かれた方からお話がありました、

「アルプスの山の彼方に、今も二万人のワルドー派のクリスチャンが生活している。数百年の間、迫害に耐えてなお信仰を続けているが、あなたがた幕屋の群れにそっくりだ」と。

ワルドー派というのは、今から八百年ほど前に、真の聖書の宗教に立ち帰ろうとした人々から始まった群れのことです。

真実を叫んだワルドー派の人々

十二世紀のフランスのリヨンに、ピーター・ワルドーという商人がおりました。彼は、

ある時、吟遊詩人の歌う古の聖者の物語と、宗教の師より教えられた「完全になりたいと思うならば、持てる物一切を捨てて、わたしに従え」というキリストの言葉に胸を打たれました。そして、すべてを捧げて伝道活動に入った。

宗教的には暗黒時代ともいえるカトリックの全盛期に、一般の平信徒が伝道するということは、ほとんど不可能です。しかし、彼はじっとしておれずに、聖書を自分たちの言語で読み、初代教会の信仰を求めて叫びだしますと、宗教的に窒息しそうな教会の状況に耐えかねた人たちが集まってきて、だんだんと勢力を増してゆきました。勢力を増すと、ローマ法王庁は彼らを目の敵にして弾圧し、幾万の人たちが長い年月にわたって死んでゆきました。

しかし、本物の宗教的生命は、大カトリックの勢力をもってつぶそうとしても、つぶれなかった。このことは、私たちにとって大きな刺激であり励ましであります。

ワルドー派をなかなか根絶できないと見ると、ローマ法王庁は融和政策をとったりしました。それでもなお、純真な信仰をもつ人々は山の彼方に隠れて、今もただ聖書を読み、神を信じて生きているといいます。

ワルドー派の人々が隠れて住んだ
アルプス山脈南西部の谷（1895年）

ワルドーは、新しく神の生命にコンバージョン（回心）することが救いであって、ミサに連なるといったような教会の儀式によっては救われない、ということを叫んだ。このことは、現代の私たちにとっても大きな教訓だと思います。

今、宗教が振るわなければ、日本人の精神が甦ることはありませんのに、宗教がすっかり安易に流れて形式的になってしまっている。

このような時、「職業的坊主や牧師どもは何するものぞ！」といって、ワルドー派のような運動が起きてこなければいけない。宗教が職業化すると腐敗するんです。職業化した宗教家によっては、宗教の覚醒ということは起きません！

今週末、全国から平信徒の諸兄が静岡県の奥山半僧坊に集うけれども、私はそのことを訴えたい。いいかげんな信仰、いいかげんな幕屋を作るより、作らんほうがいいと思う。私は、決死の覚悟でやる人たちと話をしたいんです。平信徒の中からほんとうに回心した人たちが立ち上がって、宗教はいつも革新されてゆくんです。

西洋にも私たちと同様に、初代教会の福音を目指す先駆者たちがあったことは、私たちが原始福音運動を独りよがりでやっているのではないということの実証として、模範にしたい。さまざまな中傷、迫害があっても、黙って笑って忍んでゆきたいと思います。

神のお心に立って裁け

ヨハネ伝七章二一節から読んでまいります。

イエス・キリストは、ユダヤの大祭である幕屋祭(仮庵の祭り)の時に、エルサレムに上って教えはじめられました。そこでユダヤ人との間に議論が起き、彼らは「あなたは悪霊に取りつかれている」と言ってイエスを非難しました。その続きがここに書いてあります。

イエスは彼らに答えて言われた、「わたしが一つのわざをしたところ、あなたがたは皆それを見て驚いている。モーセはあなたがたに割礼を命じた（与えた）ので、（これは、実は、モーセから始まったのではなく、先祖たちから始まったものである）あなたがたは安息日にも人に割礼を施している。もし、モーセの律法が破られないように（破られないために）、安息日であっても割礼を受けるのなら、安息日に人の全身（すべて）を丈夫に（健全に）してやったからといって、どうして、そんなにおこるのか（わたしに怒るのか）。うわべで人をさばかないで、正しいさばきをするがよい（義しい裁きで裁け）」。（七章二一～二四節）

ここで、「わたしが一つのわざをした」とあるのは、イエス・キリストがエルサレムのベテスダの池のほとりで、三十八年間、足腰が立たずに苦しんでいた病人に対して、「起きよ！　あなたの床を取り上げよ！　そして歩け！」（ヨハネ伝五章八節　直訳）と言われたら、急に力が湧いて立って歩くことができた、という出来事です。そのことをユダヤ人たちは問題にしました。

神様が創造の業を終えて、七日目を安息日として聖別された。その大事な日に、人も安息すべき時に、病を癒やしたりするのは律法違反だ、といって彼らは非難した。

しかしイエスはそれに反問して、「どうしていけないのか。安息日には業を休め、というけれども、モーセの律法を守るためには安息日にも割礼を施すではないか。だったら、この病人が健全になったことを、もっと喜んでほしい」と言われました。

割礼というのは、男の子が生まれますと八日目に性器の包皮の一部を切り取る儀式です。この子は神に献げられた子供である、神のものとなるのだ、ということを誓うしるしとして割礼が行なわれてきました。それは大事な定めですから、安息日でも行ないます。そのような、小さな外科手術は許されるという。

それならば、長年足腰の立たなかった者を、神様が「わたしのものだ」と言わんばかりに、何も手をかけず、イエスのひと言だけで癒やされたのは喜ぶべきことではないか。ただの儀式よりも、もっと割礼の精神に、神様のお心にかなっているではないか。おかしな批評をするな、とキリストはここで言われる。

宗教が形式的になりますと、何かうわべの、形式だけの議論が行なわれます。

宗教は、どこまでも私たちの心の深いところにある生命の問題です。しかるに、人々は上っつらを見て裁き、批評する。

しかし、信仰のあるところには、不思議なことが起きるものなんです。

私は奇跡を信じるのではありません。神を信じるんです。神を信じ、神と共に歩く者には奇跡的なことがいろいろ起きる。私たちの間でも、そのような不思議な出来事の報告を受けると、「そうだったでしょう！」と言って肯定する。神様がおられるならば、当たり前のことですね。

イエス・キリストは、このようにいわれのない批評に対して答えておられる。

ここに、「うわべでさばくな、正しいさばきでさばけ」とありますが、「正しい」というのは「神の義」という字です。神様を標準にして裁け、と言われた。

来処如何、去処如何

さて、エルサレムのある人たちが言った、「この人は人々が殺そうと思っている（捜し求めている）者ではないか。見よ、彼は公然と語っているのに、人々はこれ（彼）に対して何も言わない。役人たちは、この人がキリストであることを、ほんとうに知っているのではなかろうか。わたしたちはこの人がどこからきたのか知っている。しかし、キリストが現れる時には、どこから来るのか知っている者は、ひとりもいない」。
イエスは宮の内で教えながら、叫(さけ)んで言われた、「あなたがたは、わたしを知っており、また、わたしがどこからきたかも知っている。しかし、わたしは自分からきたのではない。わたしをつかわされたかたは真実であるが、あなたがたは、そのかたを知らない。わたしは、そのかたを知っている。わたしはそのかたのもとからきた者で、そのかたがわたしをつかわされたのである」。

（七章二五～二九節）

ここで、「イエスがどこから来たのか」とか、「それを知っている、知らない」などという記事を読むと、「一体なんだろう。そんなことはどうでもいいじゃないか」と思われるかもしれません。だが、「来処如何(らいしょいかん)、去処如何(きょしょいかん)」――どこから人間は来たのか、どこへ行くのか、これを知ることは宗教上の大問題です。キリスト教だけではありません。仏教においても同様です。どこから来たか、どこに行くか、を問うことは、私たちの地上の生涯(しょうがい)を全うせしめるか、せしめないかの分かれ道となります。

私たちはこの地上に生み出されて、生き、やがて死んでどこかに行きます。「どこから来て、どこへ行くのだろうか、と思ったら、ほんとうにはかない人生だ」と言う人もあります。しかし一方で、「ああ、生まれてきて良かった」と言う人もあります。自分の魂はどこに行くのだろうか？　このことがほんとうに解決されませんと、私たちは生き生きとして生き抜いてはゆけません。

生死を脱得すれば、去処を知る

南北朝時代の武将・楠木正成は、湊川の戦いに出でゆく時に惑いました。足利尊氏が、九州から数十万の軍勢を引き連れて京に攻め上ってくる。迎え撃つ正成は数百騎。今度ばかりは、負け戦となるのが目に見えている。桜井の駅で、息子の正行と別れを惜しみ、「父は兵庫に行って死ぬだろう」と、死の覚悟を洩らしております。しかし、そのような危機に瀕した時に、どうしても最後の戦いに赴く決心がつきませんでした。

正成は、「死なねばならぬことになるだろうが、その時に、私の魂はどこに行くのだろうか」と、人生の最大問題に直面して疑い惑いが生じた。彼は兵庫の広厳寺を訪れ、元の

国から招かれていた明極楚俊禅師に問いました、
「生死交謝の時如何（生死の岐路に立った時、いかにすべきか）」と。すると楚俊禅師は、「両頭ともに截断すれば、一剣天に倚りて寒し」と答えた。すなわち、「生きるか死ぬか、と迷って煩悶する二つの頭を、一つの剣でバッサリ切断したら、大空のように晴れ晴れとした心となる」ということを申しました。

楠木正成は、この楚俊禅師の言葉に大悟。大死一番した彼は、翌日湊川に出陣し、ついに殉忠の死を遂げました。そして、永らく日本民族に大義を示したのでした。

宗教の問題は、この「生死交謝の時如何」ということです。小さな生き死にという迷いを切断してしまったら、大きな生命がなお脈打っていることを知る。死んでも死なない生命、生きて生きてやまない生命がある、ということに気がつくんです。

私が若い頃から愛読している禅学の書『無門関』*にも、「眼光落つる時、作麼生か脱せん。生死を脱得すれば、すなわち去処を知る」という言葉があります。これは、「死んで眼の光が消え失せる時、さあ、魂はどこに行くのか。生きる、死ぬ、といったようなことを脱することができれば、いずこに行くかは自ずとわかる」ということです。

ヨハネ伝を解く鍵

ヨハネ伝は他の三福音書と違い、最も霊的で、神秘的なキリストの姿を述べているといわれます。

数年前、インドに行きまして、インドのキリスト教伝道者であるスンダル・シングの著書を英訳したＡ・Ｊ・アパサミー博士をお訪ねしました。その時に博士が言われるのに、「私は、イギリスのオックスフォード大学で学んでいた時に気がついたのだが、西洋流の聖書の読み方をしても、キリスト教に貢献することは少ない。私はインド人である。インドは宗教的な国である。そのインド人の優れた宗教的な感覚をもって、聖書を読もうと思った」ということでした。

紀元前後、古代インドの北西部にあったガンダーラ地方（現在のパキスタン北西部、ペシャーワル地方）で大乗仏教が興りました。これは、一部の出家者や特別な階級のものであった原始仏教と違い、多くの一般人に開かれた仏教です。これを、＊龍樹、＊無著などの優れた宗教人が出て発展させ、中国や日本にも伝わってきました。

ガンダーラは、ヘレニズム文化やペルシア帝国などの影響を非常に受けている地方です。それで、ここで生まれた大乗仏教の中にも、ペルシアの宗教やキリスト教（ネストリウス派）などの影響が見て取れます。代表的な大乗仏教の教典である法華経などを読んでみると、イザヤ書やヨハネ伝に近い思想がそこに展開しているのを見ることができます。

アパサミー博士も、「私は*ウパニシャッドのような古いインドの聖典をひもといてみて、ヨハネ伝を解く鍵というか、光を得たような気がした」という話をされていました。

このようなヨハネ伝を、ただ西洋人の糟粕をなめるような読み方はしたくありません。私は日本人です。また、東洋人です。優れた仏教の影響も受けております。ですから、そのような立場でヨハネ伝を読んでおります。

真理より来たる者

イエス・キリストは、エルサレムの宮の内で叫んで次のように言われました、

「あなたがたは、わたしを知っており、また、わたしがどこからきたかも知っている。しかし、わたしは自分からきたのではない。わたしをつかわされたかたは真実であるが（原

文のαληθινος（アレースィノス）には、「真（まこと）の、本物の」という意味もある）、あなたがたは、そのかたを知らない。わたしは、そのかたを知っている。わたしはそのかたのもとからきた者で、そのかたがわたしをつかわされたのである」（七章二八、二九節）と。

ここを読むと、イエスは「わたしは神から来た者である、真なるものからやって来たのだ」という自覚に立っておられたことがわかります。すなわち、「あなたがたは、わたしがどこから来たか、などと口で言う。なるほど、わたしはナザレの大工の子として生まれたが、それは表面的なこと、うわべのことだ。あなたがたは、わたしの霊的な実存（じつぞん）が、どこから来たかを知らない」と言われるわけです。

他の福音書を読んでみても、イエス・キリストは多くの人から、「あなたは来たるべき救世主（メシア）であるか」と聞かれています。また、洗礼者（せんれいしゃ）ヨハネも「来たるべき者はあなたなのですか」と聞いている。来たるべき者、やって来つつある者、という語、これはメシアに対する称号（しょうごう）ですが、ただの称号ではありません。宗教的に「来たるべき者」ということは重要な問題です。

ヨハネ伝は、「まことの光があって、世に来た」（一章九節）というように、最初からそれを問題にしております。一四章などにも「わたしはあなたがたを見捨て孤児とはしない。わたしはあなたがたのところに来る」（一八節　直訳）などとあって、「ερχομαι　来る」という語は、ヨハネ伝にはいっぱい出てきます。

この「やって来る者」とは、仏教においても大事な意味をもっています。*親鸞上人は、「帰命無量寿如来」ということを申しました。無量寿とは「永遠の生命」を表します。無量寿如来に帰命する、すっかり任せまつるとよい、という意味ですね。この無量寿如来、あるいは阿弥陀如来などというときの「如来（来るがごとし）」というのは、サンスクリット（梵語）の tathāgata の訳語です。これは、「真如、真理よりやって来る者」という意味です。また、この tathāgata の訳し方によっては、「去来するごとし」という意味にもなります。

現象的には、やって来たり去ったりするように見える。死んだり生まれたりするように見える。けれども死んでも死なない、去っても去らない、永遠に真なるものがある、ということです。

この「真なるもの」の発見が、宗教の発見であります。

クオ・ヴァディス・ドミネ

「Quo Vadis, Domine?（主よ、どこに行かれるのですか？）」という有名な話があります。

紀元一世紀、ローマの皇帝ネロの時代に、クリスチャンに対する非常な迫害がありました。その時、使徒ペテロは周囲に勧められ、信者を残してローマの都を逃げ出しました。そして、彼がローマ郊外のアッピア街道にさしかかると、向こうから白い衣を着た人がやって来る。それは復活のキリストでした。

ペテロは驚いてひざまずき、「主よ、どこにお出でになるのですか？」と尋ねた。これが「クオ・ヴァディス・ドミネ」というラテン語で、有名な小説の主題にもなっております。また、ペテロにイエス・キリストが現れられたという伝説が伝わっているため、このアッピア街道付近には同名の教会が建てられています。

ゴルゴタの丘で十字架にかけられたイエス。しかし復活されて、ガリラヤ湖のほとりやエマオの村で、またエルサレムで、たびたび弟子たちに姿を現されたキリスト。弟子たちは、光り輝くイエス・キリストに出会うという信じがたい体験をしました。その後、天

に昇ってゆかれたはずのキリストが、アッピア街道で再びペテロの前に現れられた。彼が、

「主よ、どこに行かれるのですか？」と問うと、

「おまえが、殺されようとしている信者たちを見捨てて逃げてゆくから、わたしが代わってローマへ行き、もう一度、十字架にかかろう」と言われた。

こうして生けるキリストに出会ったペテロは、信仰が復興され、ローマに引き返した。そして十字架刑に処せられる時、「私のような罪深い、神に背いた人間は、主と同じ姿ではとても十字架にかかれません」と言って、逆さ十字架にかけられて死んでいったといいます。このような不思議な力は、どこから湧くのでしょうか。

近づきたもう実在に触れる経験

私はいつでも信仰が鈍るようなときに、もう一度、思うんです、

「神様、私は幼い頃、グラウンドの芝生の上で寝転んでいた時に、不思議に近づきつつあるお方、目をつぶっているのに真っ白に光って近づくお方がありました。その名を私は知りません。でもその後、幾度か殺されそうになりました時にも、決まって私を保護するも

のがありました。もしそれがなかったら、とうに殺されておりました」と。
たとえば、昭和十四、五年の頃、私は中国北部の特務機関に勤めていました。その時は、満州の馬賊上がりの部下をたくさん使っていたので、何度殺されそうになったかわかりません。また、中国民衆のために働いたために、軍参謀からにらまれて暗殺されそうにもなった。あんなにひどい目に遭ったのに、よくぞ私は難を逃れたなあ、と思うんです。
また終戦後、今から二十五年前（一九四八年）のことです。当時、熊本にいた私はアメリカ占領軍の横暴な政策に抵抗したため、軍政官ににらまれて、阿蘇の山奥に逃れた。そこで祈っていた時に、私に近づいてくるものがあった。その経験を通して、私は独立伝道を始めることになりました。

そのように近づきたもう実在に触れた経験。「おまえを救ったのはわたしだったのだよ」と声をかけてくださるお方がある。また、私はその方と出会ったことを思い返す時に、「そうです、それはあなたです」と応えざるをえない。

聖書を開くと、「我は全能の神なり」と言って、たびたび現れたもう神様がある。義人ヨブは、らい病に病みただれ、一切を失って嘆いていました時に、「私を贖う者は生きておられる。私はあなたのことを耳で聞いていたが、今こそ私の目であなたを見奉ります。あなたは全能者です」という信仰をもちました。

これは理屈ではなかなか得られない。頭で考えても得られないが、神に出会ったら起こる経験であります。

あなたこそ、それです！

古代インドの*バラモン教の聖典で、「奥義書」と訳されるウパニシャッドの中に、次のような一節があります、

「それは真実である。それはわたしである。そして、あなたはそれである」と。

これは、ヨハネ伝八章二四節の「もしわたしがそれであることをあなたがたが信じなければ、罪のうちに死ぬことになるからである」と書かれている言葉と相通じるものです。

私たちは、神とか人間とか言って議論し、主客の対立をしている間は、信仰はわかりません。神の光の中で生きている者は、もう神様と一つになって生きているんです。神が存在しなければ、自分すら存在しない。「神様と一緒にいる私。私がいるのではない、神様

と一緒にいるのだ」という境地があります。

多くの人が、「それ」としての客観的な神様、本で読んだり人から聞いたりした神様は知っております。しかし、聖書で読んだり話で聞いたりしていた神様が、目の前に現れて、「それはわたしだよ、おまえを贖った者はわたしだよ」と語りかけられるのに対し、「ああ、あなたこそ、それです！　聖書の中に現れた神です」と、互いに叫び合うときに、神との真の出会いがあります。その時から信仰が始まるんです。

イエスに対して、「あなたがどこから来たか、ナザレの大工であった、そのことは知っています」という程度の知り方をしている間は、信仰は未だしです。「それ」という三人称の神であるうちは、血の通うような身近な神様となりません。

しかし救われてみて、目の前に立ちたもう不思議な実在に出会って、それに触れた時に、「おお主よ、あなたは生きておいでです！」とひとしく叫ぶでしょう。この肉眼では見えません。しかし、何か霊的に感ぜざるをえない、迫り来るものがあります。これは理屈ではありません。実在の神の御霊と出会うまでは、この驚くべき経験に入りません。そのような経験をもつ人が、今、求められているんです。

ほんとうに間近に、「それは、わたしだ」「あなたが、それでした！」といって、神を目の当たりに見奉る経験を、皆でもちとうございます。

（一九七三年九月二十三日）

＊無門関…中国・宋代の仏書。中国臨済宗の僧・無門慧開（一一八三〜一二六〇年）が、禅宗の古則公案より四十八則を選んで頌を付した公案集。

＊龍樹…一五〇（？）〜二五〇（？）年。インドの大乗仏教を確立した僧。彼以後のすべての仏教思想に最大の影響を与え、中国・日本の大乗仏教のすべてから祖として尊敬されている。

＊無著…四世紀から五世紀にかけて活躍したインドの仏教学者。

＊ウパニシャッド…古代インドの宗教哲学書。宇宙の本体としてのブラフマン（梵）と、人間の本質としてのアートマン（我）の一体化（梵我一如）を中心思想とする。

＊親鸞…一一七三〜一二六二年。鎌倉初期の僧。浄土真宗の開祖。

＊バラモン教…古代インドで、バラモン階級（最高位の司祭階級）を中心に発展した民族宗教。仏教興起以前のヒンドゥー教を指す。

第三九講

神の民による伝道

昨日まで二泊三日、浜松市郊外にあります奥山半僧坊で、幕屋の主だった方たちの会がありました。今日は、ヨハネ伝に入ります前に、その会でお話しした「神の民」ということについて述べたいと思います。

真の神の人への渇仰

神様は、日本が敗戦して間もない時(一九四八年)に、私を伝道に召したまいました。私は、「とてもその分際ではありません」と言って、拒みました。しかし神は、無理強いして私に伝道させようとされた。引くに引けず、とうとうやりはじめて二十五年が経ちました。今や、全国各地に多くの共鳴者が生まれ、魂の飢え渇く多くの人たちが霊的に満たされて喜んでおいでになる状況が展開しました。

こういうことになろうとは思いもしませんでした。しかし、あんまり膨張しすぎて、私は困っております。というのは、私たちは何も宗教・教派を作ろうというのでもないし、ただ「イエス・キリストが説きたもうた原始福音に帰ろう」というだけのことで、それ以外にないからです。

私たちには、教団組織も制度もない。これまで、心の合う者だけでやってきました。

だが大きくなるにつれて、ほんとうに原始福音が各地で伝わりつつあるのだろうか、ということに疑問をもつことがあります。私はどこまでも原始福音の信者でして、新約聖書の初めに帰るということが大事な眼目です。

今までは、伝道者の諸君を叱咤激励すれば進んでゆけると思っていましたが、数が多くなるにつれて、そうゆかなくなりました。真の伝道者は、そう簡単に生まれてこない。

人々は真の宗教人を求め、真の神の人に渇仰していらっしゃる。

それには、神ご自身が召し出して、圧迫し、試練に遭わせ、鍛え上げられて、直々に作りたもうた伝道者でないと役に立ちません。こういう人でしたら、石にかじりついてでも、飢え死に覚悟で伝道しますけれども、そうでない人は、まず家族の生活のために、自分の利害で伝道するので問題が起きます。また宗教的素養のない駆け出しの伝道者では、いくら力んでみても人間の力や知恵には限界があります。

伝道者は各地の幕屋の柱たるような人々に助けられて伝道をしているのに、大きな顔をして「自分が先生なんだ」と思ったら大間違いです。伝道は、助ける人なくしてできるものではありません。

そう思いますと、この世の中で働きながら、各地で幕屋を支えておられる尊いレイマン（平信徒）の方々の奮起が、今後ますます多くの共鳴を呼び、また霊的な渇きを満たすことになるだろうと思いました。それで、レイマンの主だった方たちに集まっていただいたわけです。

奥山半僧坊に集って

奥山半僧坊がある遠州の地は、昔から天狗がいるとされ、秋葉山や奥山半僧坊などに祀られて、火防の神として信仰を集めてきました。この天狗の実体はよくわかりませんが、ラビ・アキバの流れを汲む異人のことではないかという説があります。

ラビ・アキバというのは、紀元一世紀から二世紀にかけて活躍したユダヤ教最高の律法学者の一人です。彼は優れた聖書学者であり、愛国者でありました。この人は、四十歳になるまで読み書きを知りませんでした。しかし、軒から落ちる雨だれが石をうがつのを見ながら、コツコツやれば硬い石をもうがつことができると知って、自分のような者も見込みがあるのではないかと思って学びはじめました。そして、普通の人とは違う見識でユダヤ教の再興を図りました。

しかし後に、ユダヤ人がローマに対して反乱を起こしました時に、ラビ・アキバは精神的指導者として反乱軍を支持しました。そのことで彼はローマ軍に捕らえられ、火刑に処せられた。それは、焼きごてを体に当てられるという残酷な刑でした。しかし彼は、その苦しみの中にあっても、朝の祈りを唱えていました。それを見たローマ軍の司令官は、

「どうしておまえは、この苦しい時にそんなものを唱えるのか」と聞きますと、

「聖書の中の一番の教えは、『あなたは心をつくし、精神をつくし、力をつくして、あな

たの神、主を愛さなければならない』（申命記六章五節）とあるが、私はこんなひどい目に遭いながらも、なお神を愛している。神を裏切る気持ちになれない。それが嬉しい！」と答えました。愛は倫理ではありません。彼は、ほんとうに神を愛している幸福のゆえに、火責めをも恐れませんでした。

このラビ・アキバの子孫か弟子か知りませんが、方広寺（奥山半僧坊）に祀られている奥山半僧坊大権現の絵があります。それを見ると、目は青く、顔は赤く、鼻は大きく高く、とても日本人とは思えません。この者は、六百年以上昔の南北朝時代に日本に来たといいます。それについては、次のような言い伝えがあります。

奥山半僧坊大権現

この方広寺の開祖となった*無文元選禅師は、後醍醐天皇の皇子でしたが、出家して元に行き修行された。

やがて帰朝される時のこと、東シナ海において嵐で船が難破しそうになった。

すると、忽然として一人の異人が現れて、無文元選禅師は救われた。その異人はまた、方広寺が建立された時に、再び飄然として姿を現した。そして自らを、「我は半僧なり」と称したといいます。

半僧というのは、僧にして僧にあらず、俗の姿をとり、庶民の中に暮らしつつ仏の道に仕える者、という意味でしょう。その姿を表したのが、この絵（前頁）だというんです。以来、方広寺を護る鎮守さまとして祀られ、世の人々の苦しみや災難を除く権現さまとなった、ということです。

この奥山半僧坊で、日本の各地から集われた二百数十名の諸君と共に過ごすことができて、大変嬉しかったです。私の体は熱発して、三日間食うや食わずで行ったものですから力尽き果てていましたけれども、皆さんと一緒にいるだけでだんだん元気を回復し、無事帰ってくることができました。

私たちは神の民である

奥山半僧坊に集われた諸君が layman（平信徒）、lay pastor（平信徒牧者）の方々でしたので、レイパスターとは何かという話からしましたら、皆さんが驚かれました。

英語で「lay」というのは、「素人の、本職でない」という意味に使われ、「laity」は「俗人、（聖職者に対して）一般信徒」と訳したりします。それで、「あの人はレイマンだ」などと言う場合、それは「（専門家に対して）素人、俗人、平信徒」という意味です。あるいは「門外漢」という意味に使うんですね。

また、レイパスターというのは、人々の信仰を導く「平信徒（素人）の牧者」という意味になります。このlay（素人の）の語源は、ギリシア語の「λαος　民」から派生した「λαικος　民の、民衆の、（僧侶に対して）俗人の」です。

「λαος」は、聖書では「民、民族、民衆、人々」などと訳されています。統治者に対して、「一般の市民、民」という意味ですね。そこから、紀元一世紀のクリスチャン集団の構成員を「神のラオス（民）」と特別に呼ぶようになりました。本来、「神の民」はイスラエル人のことだと思うのに対して、キリストに信ずる者たちは、民族の違いを超えて「神の民」だと言うようになった。

それで、キリストの一番弟子であるペテロは次のように言っています。

しかし、あなたがたは、選ばれた種族、祭司の国、聖なる国民、神につける民(たみ)(ラオス)である。それによって、暗やみから驚(おどろ)くべきみ光に招き入れて下さったかたのみわざを、あなたがたが語り伝えるためである。あなたがたは、以前は神の民(ラオス)でなかったが、いまは神の民であり、以前は、あわれみを受けたことのない者であったが、いまは、あわれみを受けた者となっている。

（ペテロ第一書二章九、一〇節）

ここでペテロは、「あなたがたは、選ばれた種族、祭司の国、聖なる国民、神につける民(ラオス)である」と言っていますね。そうやって、キリストに信ずる人々に対して、神の民である自覚を促(うなが)している。

このことでわかりますように、初代教会においては、「クリスチャンである」と言うよりも、皆(みな)が「私たちは神の民(ラオス)である」と言っていた。旧約的にはイスラエル人が神の民であるが、新約的には、イスラエル人でなくても「私たちも神の民である」と言っていた。その時に、群れに奉仕(ほうし)する牧者も一般(いっぱん)信者も、皆、ラオスでした。

ところが、時代と共に聖俗(せいぞく)の区別がはっきり分かれて、「λαος(ラオス)　民」の意味が変わってゆきます。今の教会では、牧師以外の信者を皆、layman（素人、門外漢）と軽蔑して呼ぶようになりました。当時から「ἰδιωτης 素人、門外漢」というギリシア語がありましたから、「λαος 民」を「素人」の意味に使うのは、はなはだしい誤用です。

初代教会では、神のラオスの集合体が、原始キリスト教のエクレシア（神に呼ばれた者の群れ）だったんです。

当時は、一人ひとりが神に選ばれた働き人であり、それぞれの信仰の賜物に応じて奉仕していました。ある者は聖書を研究し、ある者は庶務的な仕事を担当し、ある者は労働力を提供し、ある者は財産を捧げ、神のラオスである人々が一つになってエクレシア形成に貢献しました。そして、キリストの愛をベルトとした愛の共同社会が、ユダヤでも異邦人の国でも築かれてゆきました。

仕えるべき者が支配者になるとは

このように、本来は神につける「民」を意味した「ラオス」が、いつの間にか平信徒を指すようになったのはなぜかというと、次のような歴史があるからです。

時代の移り変わりと共に、キリスト教は発展し、教会制度が確立してゆきます。

すると、ローマにあるカトリック教会の法王庁や、東ローマ帝国の首都だったコンスタンチノープル（現在のイスタンブール）にいるギリシア正教の総主教から任命を受けて聖職者が派遣され、教区・教会の指導に当たるようになった。だが、それが宗教上の指導だけにとどまらず、支配力をカサに教会員＝神の民（ラオス）を圧迫する政治体制へと発展していったんですね。この派遣された聖職者をギリシア語で「κλῆρος」といいました。このクレーロスが変化して、英語の「clergy 聖職者、牧師」となりました。

牧師はミニスター（仕える者）なのに、奉仕すべき人間が大臣（ミニスター）となって支配権をもち、威張るに至っては、主キリストの教訓に背くものです。キリストは次のように言われました、

「異邦人の支配者たちはその民を治め、また偉い人たちは、その民の上に権力をふるっている。あなたがたの間ではそうであってはならない。かえって、あなたがたの間で偉くなりたいと思う者は、仕える人となり、あなたがたの間でかしらになりたいと思う者は、僕とならねばならない」（マタイ伝二〇章二五～二七節）と。

無一物になって開ける信仰世界

奥山半僧坊でのレイパスターの会に先立って、伝道者の諸君に来てもらって会をしました。その時にいろいろな話が出ました。その一つに、経済的な困難についての発言があった。その話を聞きながら、私は次のような話をしました。

イエス様は弟子たちを伝道に遣わされる時に、何と言われたか。福音書を読むと、「行って、『天国が近づいた』と宣べ伝えよ。病人をいやし、死人をよみがえらせ、らい病人をきよめ、悪霊を追い出せ。ただで受けたのだから、ただで与えるがよい。財布の中に金、銀または銭を入れて行くな。旅行のための袋も、二枚の下着も、くつも、つえも持って行くな。働き人がその食物を得るのは当然である」(マタイ伝一〇章七～一〇節)とあります。そして、至るところで福音にふさわしい人を見出して伝道せよ、と言われた。

人間は無一物となって行き詰まると、そこから不思議なことが次々と起きるものです。

無教会主義に立って伝道された内村鑑三先生は、「餓死の決心」ということを言われたが、私も伝道を始める時には飢え死にを覚悟して始めました。私のような者が伝道するんですから、不成功に終わるのが当たり前です。だから、私の前の家内は貧しさの中で死にました。子供たちにも迷惑をかけました。伝道の犠牲にしましたね。

今の教会の牧師志望の人たちは、神学校に行って、牧師というサラリーマンになるために神学などを学ぶ。それでは、社会福祉の大学で学んで福祉事業の仕事に就くのと同じです。飢え死に覚悟で伝道する者は、そんなサラリーマンのような真似はしない。伝道する者は、感謝をもって献金したいという人からは頂いたらいい。それで足りないところは働きながらやったらいい。神にただひたすら寄り頼んで生きることが信仰なんです。

だから、イエス様は銭金を持って行くな、と言われる。そのとおりに、やったらいいんです。月給を貰っている間は、本当の伝道はできないですね。人間、無一物になったら力を発揮しますよ。

原始福音の伝道は回心を起こさせるところにあります。そのためには、心に火がついたような人間に変わることです。その火が燃えてゆくことを通して、伝道は拡大してゆく。すべては、イエス・キリストがなさったような伝道をすることです。

こんな話を伝道者の諸君としました。すると、諸君が次のような一文を書いてきました。

決　議

一、原始福音の信徒は全員が主のラオス（聖なる民）である。伝道者も本質上ラオスの一員であって、他の魂を助ける者であっても、幕屋の支配者ではない。伝道者は専ら祈りと御言の奉仕者であり（使徒行伝六章四節）、その使命達成のために自奮自戒し、聖書の精読、霊読に徹して、使徒的伝道を全うせんことを期す。

二、われら伝道主事は神に養われて、人間に養われんと欲せず（コリント前書九章一四、一五節）。いわんや、月給的性格をもつ会計制度においてをや。われらは餓死するとも、経済的に神に由り、自主独立を宣言す。

右、決議す。

一九七三年九月二十八日　奥山半僧坊において　　伝道主事一同

書くのは易いです。ほんとうに生きることです。また、「伝道者は専ら祈りと御言の奉仕者であり……」なんて甘いことを言って、もっと泥をかぶって生きるようなことを書いていません。しかし、こんなことを書くのは感心ですね。

神の御前に立つ時に

預言者エリヤは、神に養われて生きることを知った人でした。そのエリヤを実際に養ったのは、異邦ザレパテの寡婦でした。エリヤが、すべてを捨てて神のために生きようとした時に、神はエリヤを保護せしめる人を用意しておられた。エリヤだけでは宗教改革はできません。助ける人たちがおって、できるんですね。

今の日本を見ると、民主主義とか称するものが熟成したかに見えますけれども、ますます精神的な腐敗が露呈しつつあるのを見ます。このような時代の中では、ほんとうに純な、より高い福音を奏でてゆく以外にないと思うんです。ですから真の信仰を学ぼうと、奥山半僧坊に来られた方々を尊いと思いました。

レイパスターの人が堕落すればすっかり駄目になります。それは伝道者も同じです。また、私も同様です。それで、神の前に自戒自粛しながら進んでゆきたい。

幕屋も大きくなりすぎましたから、この曲がり角を皆で立派に通り過ごして、神の御前に立つ時に、神様から「善かつ忠なる僕であった」というお言葉を頂けるような結果になりたいと思いました。

ラオスの聖書的意味

ラオスということについて、もう少し聖書から学んでみます。

歴史を振り返ってみますと、聖職者というか宗教的特権階級は、自分たちの支配力を強めようとするために、教会法その他いろいろな制度を作って民を制限し、民の信仰的自由を許さぬようにしてきました。

そうすると、宗教の専門家と素人が分かれ、一般民衆はもう訳もわからずに信ずる以外になくなる。ここに宗教の腐敗が発生します。また坊主階級がのさばりだします。これを打破しようとしたのがプロテスタントの宗教改革でした。

しかし、初代教会では皆が神の民で、区別はなかったんです。元来、新約聖書において「ラオス」という語は「選ばれた聖なる民」という宗教的な意味で用いられたのでして、エクレシアの全構成員がラオスなのです。たとえば洗礼者ヨハネについて、「（彼は）整えられた民（ラオス）を主に備えるであろう」（ルカ伝一章一七節）と、その使命が預言されています。

この「*λαος*（神の）民」というギリシア語は、新約聖書に百四十二回も出てきます。しかし、本来の霊的な意味に使われずに、多くの場合は訳語として一般人民の意味に混同されています。それで、特に研究する価値があります。

使徒行伝を開いてみますと、

「この町には、わたしの民が大ぜいいる」（一八章一〇節）と、主は使徒パウロにコリントで告げられました。この「民」とは、パウロの伝道によって、その後にキリストのものとなる人々のことでした。

この「ラオス」を、口語訳聖書では「民衆」と訳したり、「人々」と訳したりしています。それは、主イエスのご在世中から、特にイエスに心惹かれる信者の一群（ラオス）がすでにあったことを、聖書学者が想定していないので、あいまいな訳語を当てているんです。

たとえば口語訳聖書では、

「民衆（ラオス）はみな、み教えを聞こうとして、いつも朝早く宮に行き、イエスのもとに集まった」（ルカ伝二一章三八節）とか、

「朝早くまた宮にはいられると、人々（ラオス）が皆みもとに集まってきたので、イエスはすわって彼らを教えておられた」（ヨハネ伝八章二節）などとあります。

「民衆はみな……イエスのもとに集まった」といいますが、早朝から集合した民衆が、一般のイスラエルの民衆すべてを指していないことは明らかです。これは、宗教国イスラエルの人々の中から、特選の霊的な「キリストの民」の存在を言おうとしたんです。すでに少数ながらも（エルサレムでは数十人か?）、主イエスと特別な関係の人々が朝早くから集合していたことは、「民」に特別の意味があったことを物語っています。

ヘブル書には、

「安息日の休みが、神の民（ラオス）のためにまだ残されているのである」（四章九節）とか、

「イエスもまた、ご自身の血で、その民を聖別するために、門の外で苦難を受けられたのである」（一三章一二節　私訳）とあります。またパウロが、

「キリストが、わたしたちのためにご自身をささげられたのは、わたしたちをすべての不法からあがない出して、良いわざに熱心な選びの民（ラオス）を、ご自身のものとして聖別するためにほかならない」（テトス書二章一四節）と言うように、「ラオス」はキリストとの

特愛関係の「民(たみ)」を意味したのでありました。

また、黙示録(もくしろく)の終わりには、次のように書いてあります、「また、御座(みざ)から大きな声が叫(さけ)ぶのを聞いた、『見よ、神の幕屋が人と共にあり、神が人と共に住み、人は神の民(ラオス)となり、神自ら人と共にいまして、人の目から涙(なみだ)を全くぬぐいとって下さる……』」(二一章三、四節)と。これこそ新約聖書の終末的な大理想であります。

神の民による伝道の推進(すいしん)

使徒時代には、ラオスの全員が「聖化された祭司であり、神に選ばれた種族であり、神に所有された民である」と使徒ペテロは定義しました。また、使徒ヨハネの孫弟子(まごでし)である*イレニウスも、「すべて神に義とされ、聖化された者は、祭司となる資格がある」と言いました。紀元一、二世紀のエクレシアのラオス(民)は、聖霊によるコンバージョン(回心)を第一の基調としていたことがわかります。各自がキリストご自身に激(はげ)しく迫(せま)られて、全員が祭司として福音を伝えればいいのであって、人間による任命など要(い)りません。

初代教会においては、誰(だれ)も支配するような者はいなかった。しかし、教会制度というものは、だんだん年月を重ねてゆくと支配者が出てくる。同様に、私たちの群れにおいても、支配する者が出てきたら大変な間違いです。

もし、幕屋に宗教的特権階級が存在したら、禍いなるかな！

牧者による伝道活動の気風を、いよいよ盛り上げてゆきたいと願います。無教会主義の起こるゆえんも、ここにありました。


（一九七三年九月三十日　①）

▼本文中にも述べられていますように、原始福音運動の今後について、幕屋の主だった人たちと共に語り合い、祈り合ったのが奥山半僧坊での牧者ゼミナールでした。牧者ゼミナールは、男子の会が二回と婦人の会が一回、九月から十月にかけて開かれました。
本講話には、初代教会時代の原始福音が再興することを願った手島郁郎の祈りや願いが述べられていますので、ヨハネ伝そのものについての講話ではありませんが、掲載しました。また本講話に続くものとして、巻末（二七〇頁以降）には、奥山半僧坊での講話の中から三篇を特別講話として掲載しましたので、併せてお読みください。

＊ラビ・アキバ…五〇(？)〜一三五(？)年。貧しい羊飼いだったが、妻ラケルの励ましで律法の勉強をするようになり、やがてイスラエル史上最大のラビ(教法師)の一人となった。

＊無文元選…一三二三〜一三九〇年。一三七一年、方広寺を開く。

＊イレニウス(エイレナイオス)…一三〇(？)〜二〇〇(？)年。聖人、殉教者。使徒ヨハネの弟子・ポリカルポスの教導で聖職につき、後にリヨンの司教となる。

〔第四〇講　聖句　ヨハネ伝七章三一～五三節〕

31しかし、群衆の中の多くの者が、イエスを信じて言った、「キリストがきても、
この人が行ったよりも多くのしるしを行うだろうか」。32群衆がイエスについてこ
のようなうわさをしているのを、パリサイ人たちは耳にした。そこで、祭司長たち
やパリサイ人たちは、イエスを捕えようとして、下役どもをつかわした。
33イエスは言われた、「今しばらくの間、わたしはあなたがたと一緒にいて、そ
れから、わたしをおつかわしになったかたのみもとに行く。34あなたがたはわたし
を捜すであろうが、見つけることはできない。そしてわたしのいる所に、あなたが
たは来ることができない」。
35そこでユダヤ人たちは互いに言った、「わたしたちが見つけることができない
というのは、どこへ行こうとしているのだろう。ギリシア人の中に離散している人
たちのところにでも行って、ギリシア人を教えようというのだろうか。36また、
『わたしを捜すが、見つけることはできない。そしてわたしのいる所には来ること

ができないだろう』と言ったその言葉は、どういう意味だろう」。
37祭りの終りの大事な日に、イエスは立って、叫んで言われた、「だれでもかわ
く者は、わたしのところにきて飲むがよい。38わたしを信じる者は、聖書に書いて
あるとおり、その腹から生ける水が川となって流れ出るであろう」。
39これは、イエスを信じる人々が受けようとしている御霊をさして言われたので
ある。すなわち、イエスはまだ栄光を受けておられなかったので、御霊がまだ下っ
ていなかったのである。
40群衆のある者がこれらの言葉を聞いて、「このかたは、ほんとうに、あの預言
者である」と言い、41ほかの人たちは「このかたはキリストである」と言い、また、
ある人々は、「キリストはまさか、ガリラヤからは出てこないだろう。42キリスト
は、ダビデの子孫から、またダビデのいたベツレヘムの村から出ると、聖書に書い
てあるではないか」と言った。43こうして、群衆の間にイエスのことで分争が生じ
た。44彼らのうちのある人々は、イエスを捕えようと思ったが、だれひとり手をか
ける者はなかった。

45さて、下役どもが祭司長たちやパリサイ人たちのところに帰ってきたので、彼
らはその下役どもに言った、「なぜ、あの人を連れてこなかったのか」。46下役ども
は答えた、「この人の語るように語った者は、これまでにありませんでした」。47パ
リサイ人たちが彼らに答えた、「あなたがたまでが、だまされているのではないか。
48役人たちやパリサイ人たちの中で、ひとりでも彼を信じた者があっただろうか。
49律法をわきまえないこの群衆は、のろわれている」。
50彼らの中のひとりで、以前にイエスに会いにきたことのあるニコデモが、彼ら
に言った、51「わたしたちの律法によれば、まずその人の言い分を聞き、その人の
したことを知った上でなければ、さばくことをしないのではないか」。52彼らは答
えて言った、「あなたもガリラヤ出なのか。よく調べてみなさい、ガリラヤからは
預言者が出るものではないことが、わかるだろう」。
53そして、人々はおのおの家に帰って行った。

第四〇講

キリストの現在する所　ヨハネ伝七章三一～五三節

ユダヤ教の大祭である幕屋祭(仮庵の祭り)の時、イエス・キリストがエルサレムで教えておられると、群衆の中の多くの者がイエスを信じて、「もし救世主が来ても、この人が行なったよりも多くのしるしを行なうだろうか」(七章三一節)と言いました。

「わたしのいる所」とは

群衆がイエスについてこのようなうわさをしているのを、パリサイ人たちは耳にした。そこで、祭司長たちやパリサイ人たちは、イエスを捕えようとして、下役どもをつかわした。イエスは言われた、「今(なお)しばらくの(短い)間、わたしはあなたがたと一緒（いっしょ）にいて（いる）、それから、わたしをおつかわしになったかたのみもとに行く。あなたがたはわたしを捜（さが）すであろうが、見つけることはできない（見出（みいだ）さない）。そしてわたしのいる所に、あなたがたは来ることができない」。

（七章三三〜三四節）

「群衆（ぐんしゅう）がイエスについてこのようなうわさをしている」（七章三二節）というのは、この人こそ来たるべきメシア（ギリシア語で「キリスト」）ではなかろうか、という噂（うわさ）のことですね。「うわさをする」と訳（やく）されている「γογγύζω（ゴンギュゾー）」というギリシア語は、「つぶやく、囁（ささや）く、私語する」という意味です。表立って言ったら、宗教家たちからとがめられ、いじめられるから、コソコソとしか言えなかったというんです。

しかし、その噂が*パリサイ人たちや祭司長たちにも聞こえてきました時に、彼らは下役どもを遣（つか）わしてイエスを捕（と）らえようとしました。するとイエスは、下役どもに対して次のように言われました、

「なお短い間、わたしはあなたがたと一緒にいる。そして、わたしを遣わした方の御許（みもと）に向かってゆく。あなたがたはわたしを捜し求めるであろう。しかし見出さない。そして、

わたしのいる所に、あなたがたは来ることができない」(七章三三、三四節　直訳)と。

ここで、「わたしのいる所」というのは、「οπου ειμι εγω」というギリシア語です。「οπου」は「〜の所に」という意味で、「ειμι εγω」は「わたしが居る、存在する」ですね。この「ειμι　居る、存在する」という動詞は、現在形で書かれています。

あまり訳しすぎてはいけませんが、「わたしのいる所」の意味は、「現在わたしがいる所」ともいえるでしょう。イエス・キリストの御霊、あるいはお心というか、その本質が今ある所、ということです。そこにあなたがたは来ることができない、と言われた。

地上から天国が始まる

この「わたしのいる所」という語は、ヨハネ伝に繰り返し出てきて、イエスが十字架にかかって死んでゆく前にも言われています。

「あなたがたは、心を騒がせないがよい。神を信じ、またわたしを信じなさい。わたしの父の家には、すまいがたくさんある。もしなかったならば、わたしはそう言っておいたであろう。あなたがたのために、場所を用意しに行くのだから。そして、行って、場所の用意ができたならば、またきて、あなたがたをわたしのところに迎えよう。わたしのおる所にあなたがたもおらせるためである」（一四章一〜三節）と。

ここに出てくる「わたしのおる所」というのも、七章三四節と同じ「οπου ειμι εγω」です。これは、「わたしが今いる境地」とも「わたしが臨在する所」とも訳せます。

キリストは当時、地上に人間として肉体をもっておられました。

しかし、その本質は神の御聖霊でした。そのキリストが、

「わたしが父のみもとへ行く時が来たら、聖霊によってあなたがたも、わたしが今いるような境地で地上を生きることができる」と言われる。

これは弟子たちに対して、彼らが死んでから天国に行くことについて言っておられるのではありません。地上に生きている時から、もうすでに天国が始まる、天が開けるということです。

このような信仰が原始福音です。死んでから天国に行こうというのでは、もう遅すぎます。生きているうちから天が開ける。そして、キリストが在りたもうたような在り方を、この地上で私たちもするんです。

捜(さが)しても見出(みいだ)さない

そこでユダヤ人たちは互(たが)いに言った、「わたしたちが見つけることができないというのは、どこへ行こうとしているのだろう。ギリシア人の中に離散(りさん)している人たちのところにでも行って、ギリシア人を教えようというのだろうか。また、『わたしを捜すが、見つけることはできない。そしてわたしのいる所には来ることができないだろう』と言ったその言葉は、どういう意味だろう」。（七章三五、三六節）

「ギリシア人の中に離散(ディアスポラ)している……」というのは、イスラエルの地から外国に離散していて、当時の世界共通語であったギリシア語を話すユダヤ人たちのことですね。それで、イエスはその中に行って教えようとするのだろうか？　また、「わたしを捜すが見つけることはできない（原文は「見出さない」）。わたしの現在いる所に来ることができないだろう」と言うが、この言葉はどういう意味だろうか、というんです。

さあ、このキリストの言葉は、ほんとうに深い宗教的な問いです。

このような箇所を前にして、どう聖書を講義すればいいのか、今朝も「困ったなあ」と思いました。私はバカで、知恵がないですからね。それに、ただ誰かの注解書に書いてあるようなことを言う気がないからです。そんなのは学者の真似事です。だから困るんです。もちろん注解書も読みますが、そんな話を皆さんにしようとは思わない。

宗教の神髄を語ればよいのであって、今さらギリシア語の意味を説いて、ああです、こうです、と言うことが目的ではありません。本当のことをお話ししたいんです。

「あなたがたはわたしを尋ねるだろうが、見出さない。わたしがいる境地にあなたがたは来ることができない」——これは宗教的な大問題です。だが、それに気がつく人はほんとうに少ないですね。

*達磨大師との問答

『*碧巌録』という、禅宗で大変重んじられている書物があります。

その冒頭の第一則に、禅宗の祖師・達磨大師と梁の武帝との問答が書いてあります。

今から千五百年ほど前の中国でのことですが、当時は南北朝時代といって、北は黄河の流域に魏という国があり、南は揚子江一帯に梁という国があり、この二つの国が対立しておりました。その梁の初代の皇帝だったのが武帝です。

この頃、中国に仏教が広まったことを聞いて、梁の国に不思議な人物がインドからやって来た。その名を達磨といいました。それを聞いた武帝が、会いたいと望んで会った。

武帝は達磨に、

「如何なるか是れ聖諦第一義」と問いました。「聖諦第一義」とは、仏教の神聖な真理や悟りの最も大事な点、すなわち仏法の根本ということですが、それは何か、と聞いたわけです。すると達磨は、

「廓然無聖」と答えた。「廓然」、もうガランとしておって、「無聖」、聖なるものは何もない、と。

この武帝という人は、非常に仏教を尊んだ人で、多くの立派なお寺を造りました。それなのに、どこにも聖なる場所などない、というのは一種の皮肉ですね。仏教が盛んになっているというので、せっかく中国にやって来たけれども、見たところお寺はいろいろあるが、ガランとして聖なるものは何もない。いや、大体どこにもないのだ、と達磨は言いま

す。それで武帝は、

「朕に対する者は誰ぞ」と言いました。皇帝である私に向かい合っておるあなたは一体何者か、と聞いたんですね。すると達磨は、

「不識」、知らん、と答えました。

信仰深い皇帝として聞こえている人の前に立って、自己紹介もせず「不識」と答えた。人をバカにしたような話です。武帝は、「不遜極まりないやつだ」と思ったか、達磨の言わんとすることがわかりませんでした。達磨もまたガッカリして、揚子江を渡って北の魏の国に行ってしまいました。

達　磨　図
（白隠慧鶴　筆）

見れども見えぬならば

ところが後で、武帝の許に誌公という高僧がやって来て、達磨について、

「陛下は、この人を知っておられますか」と聞きました。武帝も、

「不識」、私は知らん、と言いました。それに対して誌公が、

「これはこれ観音大士、仏心印を伝う」、あのお方は仏の心を刻印されるようにもっている観音様の生まれ変わりです、惜しいことをしましたね、というわけです。

武帝は後悔し、車や馬を連ねて麗々しく迎えを出そうとしました。けれども誌公は、

「道うことなかれ、陛下、使いを発し去って取らしめんと。闔国の人去るとも、佗はまた回らず」、そんな命令を出して国じゅうの人が迎えにいっても無駄です、もう帰ってきませんよ、と言いました。

どうしてか。普通そのくらいの熱心さがあれば、何か得られるだろうと思うでしょう。

「求めよ、そうすれば与えられるであろう」と聖書にもあります。けれども、このヨハネ伝の箇所でイエス様は、「あなたがたが捜し求めても、わたしを見出さないだろう」と言

われている。それと同様です。

武帝は、「惜しいことをした。あの時、ほんとうに私は不覚であった。そういう予備知識がなかったために逃したけれど、今度は逃さぬ。もう、宮中において十分に歓待して、ゆっくりとお話を聞こう」と思ったでしょう。しかし、駄目です。どうしてか。

武帝は、誌公から話を聞いて信じたんです。それは人の噂を信じているのであって、真の悟りというならば自分の眼で見た時に、そこでハッと真実を見抜いてわかるのが本当です。しかし見れども見えず、聞けども聞けぬような人は、みんな噂で動いております。

それでは真の信ではない。だから誌公は、武帝がどんなに力をもって達磨を連れてきたとしても、あなたには会うことはできない、と言ったんです。それは噂を信じているのであって、ほんとうに心の底から悟ることとは違うからです。

真実を見出す眼

*内村鑑三先生といえば、日本無教会主義の創始者として、皆が偉い先生だと言います。

しかし、内村先生が生きている間は、さんざん周囲からひどいことを言われました。

また、海外からも尊敬された＊賀川豊彦先生は、私も子供の頃から尊敬していた方です。しかしながら、新聞や雑誌などでずいぶんあらぬ噂や悪口を書かれました。ある時などは、デカデカと新聞の三面記事に、ある女給との噂を書きたてられたこともありました。先生のような聖なるお方にこんなことがあるだろうかと、私は躓きそうになった。しかし、「人の噂も七十五日」でして、そんな事実はありませんでした。先生は、そのような女にも伝道しようとされたのでしょう。

このように人は皆、噂や人の評判を信ずるんです。「あの先生は、立派な本を書いた大神学者のカール・バルトです」「彼はエミール・ブルンナーという大先生です。大神学博士です」と言うと、それを信ずるんです。

だが、たとえば＊良寛和尚のように、乞食坊主が子供と鞠をついて遊んだり、一日にわずかな米しか托鉢せずにうらぶれて生きていた時に、「この人は良寛和尚、歴史に残る人物だ」と、新潟のあの付近の人は誰が思ったでしょう。「良寛様、良寛様」と言って、ありがたいお坊さんだということはわかっただろうが、今のように歴史に名が残る人物だとは誰も思いませんでした。

私たち幕屋の者たちも、いろいろ人から非難され、悪口を言われながら、しかし「原始福音は真実だ」と言って信じてきた者たちです。やがて後には、たくさんの人が信じるでしょう。そのことを私は予言しておきます。

けれども、それは有名になったからであって、バカにされて、いじめられて、苦しんで、黙って泣いて過ごしたこの東京の地、横浜の地、湘南の地……。だが、すべての人が非難するときにもなお、真実を見出す眼をもっている人は幸いです。あとは人の噂です。有名になったら、その有名であることのゆえに多くの人は信じます。でも、その評判を担ぐようになったら、もういけません。

本質に出合わなければ

イエス・キリストが、「あなたがたは、わたしを捜すが見出さない。今わたしがいる所に来ることができないだろう」と言われたこの言葉は、まさに『碧巌録』のいちばん最初の第一則に載っている問題です。宗教的な問答としては、大きな問いかけですね。

たとえ皇帝が武力をもって達磨を連れ戻したとしても、それは肉体の達磨を連れてきただけで、達磨の実存に、魂に、本質に出合ったのとは違います。その人の本質を見抜かなければ、会ったとしてもほんとうに出会ったことにはなりません。

宗教は、人の紹介や評判で信じている間は駄目です。いろいろな大先生の紹介や、推薦文などを読んでいる間は、駄目だということです。それでは偉い人の権威を借りて感心しているだけのことですね。たとえ見た目は石ころでも、その中にダイヤモンドを見出すように、尊い本質を見抜いて「これは偉いもんだ」と言って感動するかどうか。

イエス・キリストが、多くのユダヤ人宗教家から非難、迫害される中、ペテロのように「あなたこそ、生ける神の子キリストです」(マタイ伝一六章一六節)と眼開けて言う人とは、そこが大違いです。

今のキリスト教は、「イエスはキリストである」という定義ができているから、それを信じているんです。だが、ほんとうに今も霊として生けるキリストに出会う、というような経験なくして信じております。

現在のようなキリスト教は「廓然無聖」、ガランとして聖なるものは何もない。ただ十字架をシンボルとして掲げているだけのことです。ですから、西洋のキリスト教の注解書などには、『碧巌録』のような宗教の本質に触(ふ)れる問題は書いてありません。
それならば、私たちはどうしたらキリストに出会えるか。それは、この後の箇所(かしょ)に書いてあります。

生ける水が腹(はら)から流れ出す経験

祭りの終りの大事な日に、イエスは立って、叫(さけ)んで言われた、「だれでもかわく者は、わたしのところにきて飲むがよい。わたしを（わたしの中に）信じる（信(しん)じ込(こ)む）者は、聖書に書いてある（聖書が言った）とおり、その腹から生ける水が川となって流れ出るであろう」。これは、イエスを信じる（信じ込む）人々が受けようとしている御霊(みたま)をさして言われたのである。すなわち、イエスはまだ栄光を受けて（栄化されて）おられなかったので、御霊がまだ下っていなかったのである（彼はまだ霊でなかったからである）。

（七章三七～三九節）

ギリシア語原文を見ますと、「わたしのところに」は、「πρός με(プロス メ)　わたしに向かって」

ですね。また「わたしを信じる」は、「εἰς ～の中へ」という前置詞がついていますから、「わたしの中に信じ込む」です。

すなわち、イエス・キリストは幕屋祭の終わりの大事な日に、

「誰でも渇いているならば、わたしに向かって来い！　そして飲め！　わたしの中に信じ込む者は聖書が言ったように、その腹の中から生ける水の川が流れ出すであろう」（七章三七、三八節　直訳）と叫ばれた。

キリストに信ずる者には、川が流れるんです。生ける水をたたえた川が、人間の腹の真ん中から流れ出すんです。そんなに腹から水が出たりするものか、と信仰のない普通の人だったら思うでしょう。

だがこれは、私たちの心のどん底、お腹の底から、神の生命の水が湧き出すという経験を、象徴的に、シンボリカルに言っているんです。普通の人間と違った愛、喜びの泉が湧く経験があるんです。

エルサレムの町の南に「シロアムの池」という池があります。これは、近くのギホンの泉からこんこんと湧き出る水が池を作っている所です。この水は涸れることがありません。

当時、幕屋祭の一週間、毎日この水を汲みました。そして神殿の祭壇に注いでおりました。その時、「あなたがたは喜びをもって、救いの井戸から水をくむ」(イザヤ書一二章三節)とありますように、喜びを表す角笛が吹かれた。

幕屋祭は、イスラエルの民がその昔、エジプトを脱出して荒野を四十年間さまよった時に、天幕生活をしたことを記憶するお祭りです。民は、砂漠で渇いて死んでしまいそうでしたのに、神様は不思議に水を湧かせて助けたまいました。

水なき砂漠で水を与えられたら、旅人は元気になります。生きる力が与えられます。水がいかに大事であるか。同様に、神の生命の水を得なかったら、霊魂はカラカラに渇いてすっかりしおれてしまいます。

生命の水を飲めば生きる力を与えられる。シロアムの池から水を汲む儀式は、生命の水が湧いて潤され、救われたことのシンボル(象徴)です。だが、祭りが終わってしまい、シンボルがシンボルに、儀式だけにとどまったら何にもなりません。それがほんとうに生きて、人間に体現されなければ駄目です。

それは、生命の水に生かされている人間を見なければわからない。イエス・キリストにおいては、ほんとうにそのシンボルは生きていました。では、生命の水とは何か。

「これは、イエスの中に信じ込む人々が受け取ろうとしていた御霊を指して言われたのである」(七章三九節　直訳)とあります。

生命の水、それは聖霊でした。イエスの御霊でした。イエスご自身に宿った霊的生命、これがイエスに信じる人々に与えられる！　与えられると、普通の人間とは全く違った喜び、救いの井戸から水を汲んだとでもいうような喜びが湧くんです。

ここで、イエスの中に信じ込む人々が「受け取ろうとしていた」とありますが、原文には「確かに受け取るべき」という意味があります。イエスが人間として生きておられた間は受けていなかったかもしれないが、十字架にかかって復活された後、信ずる人々が受け取ることになっている御霊を指して言われたのでした。

キリストの現在に出会うには

イエス・キリストは、十字架に血を流してでも、ご自分が宿している聖なる御霊、永遠の生命を人々に注ごうとされた。キリストが昇天されたのち五十日目、弟子たちはペンテコステの朝に祈っている間に、神の御霊、聖霊を受け取った。すると、キリストは死にたまわず、今も生きておられる、ということを感ずるようになりました。

弟子たちは皆、生き生きと生き返った。そして彼らは、地の果てまで出かけてゆき、「キリストは今も生きている！」といって復活の証人となった、ということはお互いが知っているとおりです。

彼らは弱く貧しい人間でしたが、それからというもの、力強く豊かに生きてゆくことができました。それはまさに、キリストの「現在」に出会ったからです。

聖なる御霊が一同に臨んだ時に、彼らはキリストの現在を、プレゼンスを、今ここにおられる！　ということを感ずるようになった。自分は一人ではない。同行二人、キリストと共に生きているのである、という経験が弟子たちの内に起こりました。

このように、聖霊が私たちの内に、もう腹のどん底から充ち満たしてくるように、聖霊の雰囲気に包まれる経験がない限り、イエス・キリストに出会うということはありません。武帝が達磨大師を知ることがなかったように、ただ人の噂や言い伝えを信じているだけでは、ほんとうに生ける神に出会うということにはなりません。

私たちも、どうぞ噂を信ずるのではなく、ほんとうにキリストの中に信じ込み、聖霊でありたもう神にお出会いしとうございます！　そして、私たち一人ひとりに聖なる御霊が宿って、内側から生命の水が、もうこんこんと湧き出すように潤い、また、周囲の人々をも潤すほどに至りたいと願います。

暗黒の地に照る光

さて、下役どもが祭司長たちやパリサイ人たちのところに帰ってきたので、彼らはその下役どもに言った、「なぜ、あの人を連れてこなかったのか」。下役どもは答えた、「この人の語るように語った者は、これまでにありませんでした」。パリサイ人たちが彼らに答えた、「あなたがたまでが、だまされているのではないか。役人たちやパリサイ人たちの中で、ひとりでも彼を信じた者があっただろうか。律法をわきまえないこの群衆は、のろわれている」。

（七章四五～四九節）

祭司長やパリサイ人たちは、イエスを捕らえようとして下役どもを遣わしましたが、捕

らえるために行ったはずの下役どもが、イエスに感心して帰ってきた。それで、

「何だ、おまえたちは。なぜ彼を連れてこなかったのか」と問うと、下役どもは、

「あの人の語るように語った者は、これまでにありませんでした。あんな立派な人はいません」と答えた。するとパリサイ人たちは、

「おまえたちは全く律法をわきまえない者たちだ。この群衆は呪われている」と言ったとあります。群衆というか、一般の庶民階級の人々は、「イエスは偉い人だな、感心だなあ」とむしろ賛美するんです。誰がいけないかというと、祭司や律法学者、パリサイ人という人々でした。


ただ、パリサイ人というのは皆悪いかというと、そんなに悪いというわけではありません。彼らは、ほんとうに神の律法を全部守ろうとして努力している人々でした。悪いどころか誉めるべきですね。だが、それが表面にとどまっていて形式主義的、偽善的となり、ほんとうに心を、精神を、神の生命を大事にしようとしないから、イエスはパリサイ人を攻撃されたのであって、パリサイ人がすべて悪いというのではありません。

中にはニコデモのような人がいまして、この人はユダヤの最高自治機関であるサンヘド

リンの議員でしたから、最高の人物でした。ニコデモは、イエス・キリストに対して非常に同情的な、理解ある態度を取っておりました。ニコデモを見ると、信仰は何も無学な低い階級の人にだけわかりやすい、というわけではないんですね。当時のパリサイ人たちがもっていた先入主がいけないんです。

彼らの中のひとりで、以前にイエスに会いにきたことのあるニコデモが、彼らに言った、「わたしたちの律法によれば、まずその人の言い分を聞き、その人のしたことを知った上でなければ、さばくことをしないのではないか」。彼らは答えて言った、「あなたもガリラヤ出なのか。よく調べてみなさい、ガリラヤからは預言者が出るものではないことが、わかるだろう」。

（七章五〇〜五二節）

ニコデモはパリサイ人たちに言いました、「私たちの律法によれば、まずその人の言い分を聞き、その人のしたことを知った上でなければ、裁いたりしない。これが律法ではないか」と。

「あなたは殺してはならない」（出エジプト記二〇章一三節）というのは、重大なモーセの戒律ですのに、勝手に殺しに行くとはどういうことか、とニコデモは言うわけです。この人は殺されてもしかたがない、というような材料がほんとうにあれば別ですよ。それが十分にないのに、殺しに行くなどということは、とんでもないことです。それが宗教なら大変ですね。

すると彼らは、「あなたもイエスと同じガリラヤ出身か、そうじゃなかろう。エルサレムのれっきとした門閥の出だろう。暗い死の陰の谷と呼ばれるようなガリラヤ、田舎者たちが住む辺境の地、そんな所から預言者が出てたまるものか」と答えました。

だがマタイ伝四章には、次のような聖句があります。

異邦人のガリラヤ、
暗黒の中に住んでいる民は大いなる光を見、
死の地、死の陰に住んでいる人々に、光がのぼった。（一五、一六節）

これは、イザヤ書九章にある預言を引用したものですが、ここで「ガリラヤ」というのは、暗い人生、死の陰の谷のような希望のない生涯、それを象徴的に言っています。しかし、そういう暗い人生にある人こそ大いなる光を見、福音を早く知りますね。

また、偉大な宗教家は、そのような世界から出てくるものです。仏教の名僧を見ましても、マホメットを見てもそうです。キリスト教の偉大な聖者といわれた人たちは皆そうです。人間は、外側だけを見て、ほんとうに心を見ませんね。

ですから私は、暗い死の陰に住むような人を見ると、愛が湧くんですね。もう、わが友にしたくてしかたがない。孤児でかわいそうに田舎で育った青年、不幸な人生で心に痛みをもつ人、そういう人々にキリストの光が射してきたら、どんなに立派になるだろうかと思うんです。

（一九七三年九月三十日　②）

＊パリサイ人…イエス・キリストの時代に勢力があったユダヤ教の一派。律法の遵守と、その厳格な実践を強調。これを守らない者を汚れた者として退けた。

＊達磨…生没年不詳。禅宗の始祖。南インドのバラモンの家に生まれる。達磨は仏陀より二十八

代目の祖師で、六世紀の初めに正法を伝えるために中国に渡来した。
＊碧巌録…中国・宋代の仏書。禅の公案集として第一のもので、百則を収める。手島郁郎は、青年時代から『碧巌録』や『無門関』を愛読した。
＊内村鑑三…第三五講の注(五二頁)を参照。
＊賀川豊彦…一八八八〜一九六〇年。伝道者。キリスト教社会運動家。
＊良寛…一七五八〜一八三一年。江戸後期の禅僧、歌人。越後(新潟)の人。書、漢詩、和歌に優れた。大自然を友とし、終生、寺をもたず、ただ祖師・道元の精神に生きようと努めた。生前は世に知られず、明治末期頃から評価が高まった。

〔第四一講　聖句　ヨハネ伝八章一〜一一節〕

1イエスはオリブ山に行かれた。2朝早くまた宮にはいられると、人々が皆みも
とに集まってきたので、イエスはすわって彼らを教えておられた。
3すると、律法学者たちやパリサイ人たちが、姦淫をしている時につかまえられ
た女をひっぱってきて、中に立たせた上、イエスに言った、4「先生、この女は姦
淫の場でつかまえられました。5モーセは律法の中で、こういう女を石で打ち殺せ
と命じましたが、あなたはどう思いますか」。6彼らがそう言ったのは、イエスを
ためして、訴える口実を得るためであった。
しかし、イエスは身をかがめて、指で地面に何か書いておられた。7彼らが問い
続けるので、イエスは身を起して彼らに言われた、「あなたがたの中で罪のない者
が、まずこの女に石を投げつけるがよい」。8そしてまた身をかがめて、地面に物
を書きつづけられた。9これを聞くと、彼らは年寄から始めて、ひとりびとり出て
行き、ついに、イエスだけになり、女は中にいたまま残された。

10そこでイエスは身を起して女に言われた、「女よ、みんなはどこにいるか。あ
なたを罰（ばっ）する者はなかったのか」。11女は言った、「主よ、だれもございません」。
イエスは言われた、「わたしもあなたを罰しない。お帰りなさい。今後はもう罪を
犯（おか）さないように」。

第四一講

愛は多くの罪をおおう

ヨハネ伝八章一～一一節

キリストの宗教は、愛の宗教です。神は愛である。その愛は人間の愛と違い、義なる愛である。義愛――この一言に、イエスの神的性格を絞り要約することができるでしょう。しかしながら人間は、いったい神の愛というものを知っているか、どうか、大きな疑問です。愛らしきものを知ってはいても、真の愛、天的な愛――というものを知っていないのです。

ヨハネ伝八章のこの箇所ほど、イエスの愛を、神の愛の性格を、ドラマチックに描いた箇所はありません。今も主イエスが地上におりたもうならば、このようなお方であり、またこのイエスの姿を偲んで、父なる神の愛の心をも偲ぶことができるのであります。

世の多くのクリスチャンは、十字架の愛を信ずると言います。そして、イエスのご生涯から十字架という事件だけを切り離して、十字架にだけ贖罪の愛があるかのように言います。しかし、そうではありません。

イエス・キリストには、生涯を通じて神の愛が流れていました。

人の血管のどの部分を刺しても血が噴き出すように、福音書のどのページにも贖罪の愛が噴き出しています。地上にお生まれになってから十字架の死につかれるまで、主イエスの生涯を一貫して内に流れていた血液は、実に神の愛でありました。その愛は、人間が知っている愛情とはおよそ違ったもの、天的な聖霊の愛でした。

私は、ヨハネ伝のこの箇所を講義する時ほどに、神に赦されている自分の発見を喜ぶことはありません。私なんかは皆さんの前に立って、とうてい聖書講義できる資格のある人間ではありません。けれども、古い罪の過去を忘れて、あえて立ち訴えることができるのも、私の知っている愛がこのように無限の赦す愛だからです。

「赦されることが少ない者は、愛することも少なく、赦されることが多い者は、愛することも多い」とルカ伝七章にあります。罪深い人間であればあるほどに、このようなやつをも赦したもう愛について、私は述べざるをえません。

十字架上に、神の愛が極限において現されてはいますが、それのみならず、主イエスの全生涯を通じて変わりなく、常に驚くべき天的な愛がほとばしり輝いていたことを、私たちは見取らねばなりません。

最もイエスらしい記事

聖書を開いてみますと、ヨハネ伝七章五三節から八章一一節までは、括弧でくくってあります。この箇所は、現存の古いギリシア語写本には欠如していますが、後代のギリシア語写本の中にはあります。古代(四、五世紀)のヒエロニムス*やアウグスチヌス*などもこれを読み、知っていましたのに、なぜこの記事が古いギリシア語写本にはないのか。

それは、後代の付加によるものと考えられます。文体がヨハネ伝のものでないということは確かです。ある古い写本には、ルカ伝二一章の最後に、この記事が書いてあるものがあります。そうだとすると、よく前後が通じますので、たぶんルカ伝二一章の最後にあったものが何かの拍子にここに編入されたのでしょう。

なぜかというと、「わたしは世の光である。わたしに従(したが)って来る者は、やみのうちを歩くことがなく、命の光をもつであろう」(ヨハネ伝八章一二節)という聖句を説明するために、ここに挿入(そうにゅう)し編纂(へんさん)したほうがよいと思われたからでしょうか。

文体がヨハネ伝的なものでないから、これはキリストの事実ではない、とは言えません。確かにその筆致(ひっち)はルカ伝的ですが、ここに書かれている記事は、いかにも生き生きとして写実的です。こういったことは、作り事では書けません。主イエスでなければ、このような感動すべき光景がありえるとは考えられない。

むしろ恐(おそ)らく、イエスがあまりに姦婦(かんぷ)に対して優(やさ)しいので、風紀上、たぶんルカ伝から省いたものでしょう。それをヨハネ伝の編纂者が捨(す)ておけず、ここに拾い上げて付加したものと推定(すいてい)されます。

魂を憩(いこ)わせる場

イエスはオリブ山に行かれた。朝早くまた宮にはいられると、人々(民(ラオス))が皆(みな)みもとに集まってきたので、イエスはすわって彼らを教えておられた。(八章一、二節)

イエス・キリストがよく祈られたオリブ山

七章の終わりに、「そして、人々はおのおの家に帰って行った」(五三節)とありまして、日暮れが近くなって人々が家に帰りました時に、イエスはエルサレムの東側にあるオリブ山に行かれた。祈るために行かれたのでしょう。夜を徹して草原で、また岩の上でお過ごしになったと思われます。

「きつねには穴があり、空の鳥には巣がある。しかし、人の子にはまくらする所がない」(マタイ伝八章二〇節)と言われるように、オリブ山の麓にあるゲッセマネの園か、あるいは山腹か山上でしょうか、イエスはよくオリブ山で過ごされた。

ここに、自分の体と心を憩わせる場の違いがあります。華やかなホームを夢見て、そこで「ああ、くつろげる」と言う人もあるし、独り寂しい境涯の中にも、魂は神と交わって精いっぱいねぎらわれる人もある。ここに、人間の種類というか、魂の種類の違いが見えるように思います。皆さんは、どっちですか？　時には静かに、どこか山深い所に行って、瞑想するということが魂のために大事です。

このオリブ山を、イエス・キリストはどんなに愛されたか。それは、救世主が地上に来臨される時、最初に現れる場所がオリブ山であると信じられていたからです。ここに行って、いつもお祈りになりました。

そうして一夜を過ごし、朝早くに神殿に入られると、人々が御許に集まってきたので、イエスは座って彼らを教えておられた。「朝早く」とありますが、よほど信仰的な人でないと朝早くから来ません。

八章二節で「人々」と訳されている原文は、「πας ο λαος　すべての民」とあります。「λαος」は、もともと「民、民族」という意味のギリシア語ですが、そこからキリストを中心に生きようとする群れ（キリストの民）として、初代クリスチャンは自らのことを「ラオス」と呼ぶようになりました。そのラオスたちが皆、朝早く神殿に集まってきた。

イエス様は、さぞお嬉しかっただろうと思います。キリストの新しい民の芽生えが、こういうところに見えております。

その聖なる清い集いの場に、律法学者やパリサイ人たちがやって来ました。

罪の女が引き出されて

すると、律法学者たちやパリサイ人たちが、姦淫をしている時につかまえられた女をひっぱってきて、中に立たせた上、イエスに言った、「先生、この女は姦淫の場でつかまえられました。モーセは律法の中で、こういう女を石で打ち殺せと命じましたが、(それで)あなたはどう思いますか(何と言いますか)」。彼らがそう言ったのは、イエスをためして、訴える口実を得るためであった。
（八章三～六節）

律法学者やパリサイ人たちは、イエスを何とか陥れて、殺そうとする者たちです。何か言いがかりをつけなければ殺せませんから、姦淫をしている時に捕らえられた女を連れてきて、真ん中に立たせてイエスに質問しました、「モーセは律法の中で、こういう女を石で打ち殺せと命じましたが、あなたはどう思いますか」と。

朝早くですから、現行犯で捕らえられた、たぶん未婚で許婚のある女だったのでしょう。その女が不倫なことを他の男としていた。モーセの律法によれば、女が既婚でしたら男女とも死罪に定められます（レビ記二〇章一〇節）。許婚のいる未婚の娘の場合は、自分の貞操を大事に守るということが当時の性道徳でしたので、石打ちの刑で殺されました。そのように純潔を尊んだ時代が、二千年前でした。

男女の性関係が乱れる時に、その民族社会はやがて滅びます。これは五千年の世界史の事実、民族興亡の跡に見られるとおりです。

日本は戦後、すっかり性道徳が乱れています。これでは文明が進んでいるのか、退歩しているのかわかりません。こんな今の日本のような文明が、いい文明だとは思わないですね。ラジオを聞いても、テレビを観ても、ろくなものはやっておりません。

義か愛か

「モーセは律法の中で、こういう女を石で打ち殺せと命じましたが、あなたはどう思いますか」（八章五節）とあります。ギリシア語で読むと、「どう思いますか（原文は「何と言いますか」)」の箇所に、「οὖν それで、それゆえに」という語がありますから、「それで、あなたは何と言いますか、この律法に対して」と答えを促しているわけです。

　モーセの律法というのは、当時としては非常に温かい法律です。奴隷や家畜、土地に至るまで七年ごとに休ませよ、また、孤児や寡婦などには親切にせよ、ということなどが定められております。しかし性道徳については、姦淫した者は石打ちしてよい、というように、高い倫理観から非常に厳しい一面もありました。

　一方、ローマの風俗の乱れというものは、実にひどいものでした。ですからローマの法律では、姦淫くらいのことは重大な罪ではない、殺したりまでしなくともよい、というわけです。当時のユダヤはローマ帝国の属州でした。そのため、一般の小さな事件の裁判についてはユダヤ人に任されていましたが、死刑に値するような事件だけは、ローマ法に照らして処刑すべく、総督の許可が必要でした。

　そこでパリサイ人たちは、「モーセの律法には『打ち殺せ』と書いてある。もしあなたにほんとうに愛国心があり、ユダヤの宗教を守り通そうというならば、ローマ総督などは無視して、律法のとおりに『打ち殺せ』と言うべきでしょう」というわけです。でも、そうしたら、イエスはローマの官憲に捕らえられるでしょうから、「答えによっては、次はあなたが殺されますよ」という意味を含んでおります。

一方、女を赦すならば、神の律法に背く者として群衆はイエスを軽蔑し、救世主と期待することもなくなるでしょう。

さらにもう一つの問題は、「だれでも、情欲をいだいて女を見る者は、心の中ですでに姦淫をしたのである」(マタイ伝五章二八節)と山上の垂訓で言われるくらい、イエスの説かれる性道徳は清らかでした。ですから、こういう忌まわしい出来事に対しては、厳しく臨まれるのが当然です。だが「殺せ」と言ったら、一人の娘が石打ちされて朱に染まって死んでゆかねばなりません。それを平気で見ておられるか。

イエス・キリストの宗教は愛の宗教でした。一方では「天の父は、悪しき者にも善き者にも太陽を昇らせ、義しき者にも義しからぬ者にも雨を降らせる、一視同仁の愛の神様である」と説きながら、他方では「罪を犯した者は消してしまえ」と言うのなら、イエスの愛の宗教は口先だけになって壊れてしまうでしょう。

さあ難問ですね。どちらにせよ、答えに困る問題でした。

身をかがめたもうイエス

しかし、イエスは身をかがめて、指で地面に何か書いておられた。　（八章六節）

「指で地面に何か書いておられた」とありますが、「地面に」のギリシア語原文は「εἰς(エイス) τὴν(テーン) γῆν(ゲーン)」と書いてあります。「εἰς(エイス)」という前置詞(ぜんちし)は「〜の中へ」という意味ですから、単に地面の表に書いたのではなく、イエス様は地に指を突(つ)っ込(こ)むように、指で彫(ほ)りつけるように書いておられた、というんです。「地に書き込まれた」とでも訳(やく)しましょうか。何を書かれたのかわかりませんが、ギューッと地の中へ書き込みなさった。

「ああ、えらい難問(なんもん)を出してきたものだ」と思って苦しまれたのでしょう。モーセの律(りっ)法(ぽう)に忠(ちゅう)ならんとすれば、ご自分の愛の宗教を殺さねばならぬ。だがまた、女を生かそうとすればモーセの律法に反する。イエスがローマの法律並(な)みの低い性道徳しかもっていないなら、敬神家(けいしんか)でもなく愛国者でもない、ということになる。

正義が立って愛が死ぬか、愛を生かして正義を殺すか。身をかがめて地の中にギューッと指を突っ込んで書く、というところに、その苦しい感情が表れていますね。こんな難問を出されて、イエス様は「ウウウーッ」と呻きたかったでしょう。日本人だったら「地団駄踏む」というところです。どう答えてよいかわからない状況ですね。

しかし、伝道をしておりますと、しょっちゅうこんな地団駄踏むような難問をもちかけられることがあります。また、意表外なことが起きて、ほとほと困ることがあります。

ある人に、ほんとうに愛をもって尽くして、寂しい境涯を慰めようと思ったら、逆にひどい目に遭う。昨日まで信じてきた人が、ひどい裏切りをして、こんな煮え湯を私に飲ませるのか、と思うようなことが起こります。「神様はすべてご存じだから」と思って自分を慰めますけれど、呻きたくなるようなたまらない問題があります。

無垢の審判

彼らが問い続けるので、イエスは身を起して（立ち上がって）彼らに言われた、「あなたがたの中で罪のない者が、まず（第一に）この女に石を投げつけるがよい（投げつけよ）」。そしてまた身をかがめて、地面に物を書きつづけられた。

（八章七、八節）

パリサイ人らは問いつづけて、

「どうなんだ、あんたは。さあ答えてみろ。殺せか、生かせか、どっちだ」と迫ります。「殺せ」と言えば、その娘がかわいそうです。だからといって、この娘を赦したらどうなるか。これは人民裁判ですから、赦せば、イエスはモーセの律法を破る者として、その場で断罪されてしまいます。それで、彼らは問うことを続けてやまなかった。

すると、「イエスは身を起して」とありますが、これは「すっくとまっすぐに立ち上がって」という意味のギリシア語です。民衆が一人の娘を吊し上げている中に、頭を垂れて黙って地面に何かを書いておられたイエス様が、急にキッと立ち上がられたというのですから、これはその決心のほどを示しています。そして彼らに言われた、

「あなたがたの中で罪のない者が、まずこの女に石を投げつけるがよい」(八章七節)と。

ここで「まず」とある原文は、「πρωτος 第一の、最初の者として」というギリシア語です。また、「投げつけるがよい」とあるのは「βαλετω (その者が)投げつけよ」で命令形ですね。

石打ちの刑の場合、最初に石を投げるのは、たいがい長老か、その現場を確認した証人

でした。その後、皆がワーッと一斉に手に手にとがった石を持って、しかもすぐ近くから打つんです。そばに寄っていってなぶり殺す、という残酷な刑があったんですね。それも、そんな罪を犯さないように社会秩序を保つためだったのでしょう。

でも、イエス様はさすがですね。第一の石を「長老が」とは言われず、「罪なき者が投げよ」と言われた。「罪なき者」というのは、「律法に違反したことのない者」ということですが、ここではいろいろな意味に取れます。モファットという聖書注解者はこの箇所を、「無垢な者(the innocent)が第一の石を投げよ」と英訳しております。性的な過ちのない者が、ともいえるでしょう。

そして、イエスはまた身をかがめて、地の中に書きつづけられた。

イエスを陥れるためには一人の女を殺してもいい、という冷たいパリサイ人の心を見るのはたまらないことです。また、誰かが第一の石を投げたら、雨あられのように石が飛んできて、呻きながら死んでゆく娘の姿を見るのもたまらなかったことでしょう。だから身をかがめて、「次の瞬間どうなるか」と思う以外にはありませんでした。

あのようには言ったものの、もし誰かが出てきて石を投げたらどうしようかと、ハラハラしておられたでしょう。「イエスはこの時、祈っておられたのだ」と、ある注解書には書いてありますが、果たしてどうでしょう。私だったら、次の瞬間どうなるかと思って堪えられぬでしょう。

長老たちの反応

これを聞くと、彼らは年寄(長老たち)から始めて、ひとりびとり出て行き、ついに、イエスだけになり、女は中にいたまま残された(女は真ん中にいた)。(八章九節)

「年寄」というのは、原文では「長老たち」です。当時のユダヤ教の長老は、サンヘドリン議会の議員にもなるような人のことです。第一の石打ちは長老がすべきことですが、その長老の中には罪のない者はいなかった。

イエス様は、「色情を抱いて女を見る者は、すでに心のうちで姦淫をしたのである」というくらいの清い気持ちをもっておられました。だが、彼らの中にはそういう者はいなかったわけです。長い間生きている者ほど、性的な間違いを覚えるものです。

パリサイ人たちが逃げていった理由は、それだけではありません。第一の石を投げたら、後が大変です。彼らは保身にたけていましたので、第一の石の意味を知っています。ローマ帝国では、このような人民裁判で人を殺すことを禁じていました。第一の石に続いて皆が女を打ち殺しますが、その刑の指導者であることがわかると、ローマ総督に引っ張られてしまいます。彼らは自分たちで難問を吹っかけておきながら、いざ自分が最初の石を投げるとなると躊躇したのでした。

ローマ総督の目をいちばん恐れていたのは、パリサイ人たちです。彼らとしても、「イエスはいいことを言ってくれた。こんな面倒な問題にはかかわり合わないほうがいい」とばかりに、長老をはじめとして、こっそり一人また一人と去っていった。相談のいとまもなく、いつの間にか次々と姿を消したのでした。

愛に弱いイエスの姿

そこでイエスは身を起して女に言われた、「女よ、みんなはどこにいるか。あなたを罰する者はなかったのか」。女は言った、「主よ、だれもございません」。イエスは言われた、「わたしもあなたを罰しない。お帰りなさい(行け)。今後はもう罪を犯さないように」。

(八章一〇、一一節)

ついにイエス様お一人になった。そして、罪の女は広場の真ん中におりました。恐らくそこは、エルサレム神殿の内庭にあった「婦人の庭」でしょう。身をかがめて地に何か書きつけておられたイエスは、周囲があまりに静かになったので立ち上がられた。そして、「石打ちしようとした者たちはどこにいるか。あなたを罰する者はなかったのか」と女に言われた。女が、「誰もいません」と答えると、イエスは、「わたしもあなたを罰しない」と言われた。その後に「お帰りなさい」とあるが、ギリシア語原文では「πορεύου　行け、去れよ」ですね。そして、「今後はもう罪を犯さないように」と言われた、とあります。

辺りが森閑となり、皆が出ていってしまった。

そこに立たされている女、それとイエス。

まるで小説でも読むように、生き生きと描写しております。

ここで不思議に思うのは、イエス・キリストが「女よ、皆はどこにいるか」という質問をされていることです。立ち上がられたのだから、後ろを向いてご自分で見られればいいんです。しかし、後ろを向いておられない。すなわち、イエスは引き続きうつむいていなさったのであって、「皆はどこにいるか」と聞いて、後ろを向く力もなかったんですね。

姦淫などという、忌まわしい話を聞きたくないと思われたのでしょう。またこの時、判断を間違ったらどうなるかと思うと、たまらなかった。イエスお一人になった後も、女の姿を見る勇気さえありませんでした。

詩篇一三〇篇に、

「主よ、あなたがもし、もろもろの不義に目をとめられるならば、主よ、だれが立つことができましょうか」(三節)とありますが、イエス様も不義の罪を犯した娘を見ることができなかった。

このように愛に弱い人が、イエス・キリストでした。

ここにイエスの性格というものが、まざまざと見えますね。

何も不義を赦されたわけではありません。不倫な娘は当時殺されたものです。それだからといって、かわいそうにと思うし、正義のために殺せ、などというのが宗教ならば、パリサイ人の恐ろしさ、冷たさと同じことになる。けれども、人道や社会正義が地に堕ちてしまったら、世の中は混乱してしまいます。なかなか難しいことです。

そんな難問を突きつけられた時に、イエス・キリストでさえも、地にうつむいて呻くような思いで、地面に指を突っ込んで物を書かれたという。神の子キリストとしても、人間イエスとしても、どうにもならぬほど苦しまれたのでした。

人を責めることなく

人生、いろいろな問題があって難しいです。理屈のとおりに、筋書きどおりにはなかなかゆきません。一つの理屈や筋道を通すなどといったようなことは、できたら結構だが、さまざまな事情が絡み合って、問題の解決がついたと思っても、解決がつかない場合もあります。

明治の初め、同志社大学の前身である同志社英学校ができた当時のことです。

創設者であり校長でもあった*新島襄先生は、熊本洋学校から転校してきた*徳富猪一郎

（のちの徳富蘇峰）その他の青年たちと、それまでの在校生たちとの折り合いが悪くて、その収拾に困ったことがありました。

そんな時、学校の都合で、それまで上級と下級に分けていたのを一緒にして教育することにした。すると猪一郎などが怒って、授業をボイコットするという事態となりました。貧乏な小さい学校ですから経営困難で、先生も生徒も少ない。そうすると合併教育をする以外にない。しかし、青年はとかく理屈を言います。それでなかなか問題が片付かない。いちおう収まったけれど、なおボイコットした学生たちの処分もしなければいけない。

とうとう新島先生は、ある日、全校生が出席する礼拝の後、

「諸君、ほんとうにすまん。今回のことは学校側の手落ちであって、これは全く校長の私が至らなかったためである。誰をもとがめることはできない。罰すべきはこの私である」

と言って、持っていた大きな杖を振り上げて、ご自分の左手を、何度も何度も腫れ上がるまで打ち叩かれた。二度、三度と激しく打ちつづけたので、ついに杖は三つに折れて飛んでしまいました。

生徒たちは驚き、それで事件は解決しましたが、徳富猪一郎は責任を感じて退学してし

まいました。けれども生涯、新島先生への敬慕の念は変わらなかったそうです。そのように、新島先生も己自身を打ち叩いて、学生たちを責めることはされませんでした。

イエスのご生涯を貫く十字架の愛

このヨハネ伝の箇所を読みますと、キリストのご性質がわかりますね。

イエス・キリストは十字架にかけられた時、多くの人から、

「おまえが神の子ならそこから下りてみろ。そうしたら信じてやる」と罵詈讒謗を浴びせられた。そんな中、ご自分は呼吸困難に陥るし、もう体じゅうの血液は流れ出て苦しい状況なのに、ののしる群衆を見ずに目を天に上げて、

「父よ、彼らをおゆるしください。彼らは何をしているのか、わからずにいるのです」（ルカ伝二三章三四節）と言われた。そうして、ののしる者たちを見ることができなかった。

愛は、愛する者の罪も痛みも、すべては自らの責任のように、愛自らが苦しむんです。

キリストとは、その愛にほかなりません。

この十字架の愛は、十字架の時だけに示されたのではありません。過ちを犯したこの年

若い娘の出来事においても、キリストの十字架のお気持ちがよく表れています。
誰でも人間ですから間違うことがあります。人の過ちを突きつけられて、万人が石打つ中にも苦しんで地に物を書いておられたイエス。そして立ち上がったものの、その女を見る力もなかったイエス。

なんと優しい、愛には弱いイエスだったろうかと思う。

私の知っているイエスは、これだから私の救いになるんです（泣きながら）。

私自身、幾度もしくじり、失敗だらけな者です。良いと思ってやったことでも、反対の結果になる。そんな時、たまりません。しかし天上で、否、私の傍らで今も共に歩きたもうキリストは、私がもし苦しんでいたなら、また誰かが苦しんでいたなら、間違いそのものを追及せずに見ておいでであると思うと、私の考えも変わってくるし、私は自分で自分をとがめることもしません。

イエス・キリストの贖いの愛というものは、十字架において最高度に表れておりますけれども、それだけではない。そのご生涯のどこをつついても、十字架上に流されたあの御生命の血が滴っている。ここでも、そのことがよくわかります。

愛と沈黙の裁き

ヨハネ伝八章一五、一六節を読むと、次のように書いてあります、

「あなたがたは肉によって人をさばくが、わたしはだれもさばかない。しかし、もしわたしがさばくとすれば、わたしのさばきは正しい。なぜなら、わたしはひとりではなく、わたしをつかわされたかたが、わたしと一緒だからである」と。

人生、矛盾は多い。矛盾というものは、理屈ではどうにもならない。地面に物を書いて呻くしかないほど解決がつきません。しかし、いつも神の臨在を感じながら生きておられたイエス・キリストは、大きな裁きをなさいました。

姦淫の罪を犯した娘を裁かずに、ひと言発して、ただ下を向いているだけで裁かれた。それは、パリサイ人も長老も、一人また一人と逃げ出さねばならぬような裁きでした。沈黙というものがもつ大きな裁きでした。裁かずして裁くキリスト。

キリストのおそばにおるだけで、何かジーンと心の奥深いところに響くようなものがあったんですね。

「わたしもあなたを罰しない。行け。もう罪を犯さないように」と言いたもうたイエス。

これが私の神様です。私のキリストです。

私は何度、人から恨まれ、いじめられたことでしょう。しかし、このような神様が、私をとがめずに、そっと逃がしてくださった。何度、危機を脱したことでしょう。そして今に及んでおります。毎日毎日その繰り返しです。

神の御姿は、キリストを見ることによってわかります。

私がもししくじったら、母親が子供のために泣くように、泣いていたもうのが神様だと思ったら、悪いことはできません（声をつまらせ）。泣かせたくないからです、愛する者を。

愛してくださるお方を泣かせたくないから……。

罪を見られない神様

イエス・キリストはほんとうに無垢な、罪なきお方でした。

キリストに触れるだけで難問も解決しました。否、皆が襟を正さずにはおられなかった。

自分に恥じて、一人去り、二人去り、そして誰もいなくなった。とても解決のつかない、どっちに転んだって大変な問題も、キリストが臨在(りんざい)したもうならば、解決がついたという物語です。

　このヨハネ伝八章の記事は、ほんとうに意味深いですね。

　教会で伝道集会などがあると、「さあ、心に罪を犯(おか)している人は出てきなさい。そして一つひとつ罪を言いなさい。あなたはどんなことをしましたか? 人間は罪人(つみびと)です」と牧師が教えてくれます。牧師は、さも自身は罪を犯さないような顔をして言います。人の罪を裁(さば)くことに急で、愛する、赦(ゆる)す、問題を解決するということは何もしてくれない。それが宗教だったら宗教は呪(のろ)われよ、と言いたくあります。

　しかし、イエス・キリストはどうでしたか。

　皆(みな)が「あれは罪ある女だ。石打ちになって殺されてもいいやつだ」と言う時に、ジーッと、もう堪(た)えがたくして下を向いておられる。

　私のキリストは、そのようなお方です。

　私が失敗した日にも、いつも「あーあ、手島は駄目(だめ)だなあ」とため息をおつきでしょうけれども、しかし、私の罪には目を留められません。私の神様は、「罪、罪」と言って罪をお責めになりません。罪があったら抱いてかばわれる。「悪魔は暴き、天使は包む」といいますが、ほんとうに包んでくださいました。

キリストの弟子であるペテロは、「愛は多くの罪をおおう」(ペテロ第一書四章八節)と言いました。この「καλυπτω　おおう」というギリシア語は、罪を「包み隠す、ふたをする」ことを意味します。臭い罪をもおおってくださるもの、これこそ神の愛です。

このような神様が私たちの神様です！　皆さんの神様です！

地上に在りし日のイエスは、今の霊なるキリストのひな型です。

キリストは今も生きて、昔と同様に私たちの罪を見たまわない。

恐ろしい学者やパリサイ人らの、辛辣な律法宗教家のような目つきでは、主イエスは私たちを見たまわない。主の愛のまなざしのゆえに、私はどのような自分の罪の姿にもかかわらず、「お父様！」と言って、祈ることができます。

皆さんに何があったとしても、かばって、かばってやみたまわないお方。それだったら、そんなに神様の前に出ることは難しくないではありませんか。「神様！」と言って、早く神の御前に出ていったらいいんです。

賛美歌を歌います。

罪をば犯して　神に背き
敵する我さえ　なお愛したもう
ああ　神は愛なり　汚れはてし
我さえ愛したもう　神は愛なり

（一九七三年十月十四日）

＊ヒエロニムス…三四五（?）〜四二〇（?）年。ラテン教父、聖書学者、聖人。聖書のラテン語訳（ウルガタ）を完成。

＊アウグスチヌス…三五四〜四三〇年。初期キリスト教会最大のラテン教父、思想家、聖人。

＊サンヘドリン…ローマ時代、エルサレムにあったユダヤ人の最高自治機関（最高法院）。七十一人で構成。

＊新島襄…一八四三〜一八九〇年。教育家、牧師。明治開国前の日本を脱出して、アメリカのア

マースト大学に学ぶ。一八七五年、京都に同志社英学校（現・同志社大学）を創設、キリスト教主義の教育を創始した。

＊徳富猪一郎（蘇峰）…一八六三～一九五七年。ジャーナリスト、著述家、歴史家。熊本洋学校に学ぶ。熊本バンドの一人。『国民之友』『国民新聞』を創刊。オピニオンリーダーとして活躍。

〔第四二講　聖句　ヨハネ伝八章一二～二〇節〕

12イエスは、また人々に語ってこう言われた、「わたしは世の光である。わたし
に従って来る者は、やみのうちを歩くことがなく、命の光をもつであろう」。
13するとパリサイ人たちがイエスに言った、「あなたは、自分のことをあかしし
ている。あなたのあかしは真実ではない」。14イエスは彼らに答えて言われた、「た
とい、わたしが自分のことをあかししても、わたしのあかしは真実である。それは、
わたしがどこからきたのか、また、どこへ行くのかを知っているからである。しか
し、あなたがたは、わたしがどこからきて、どこへ行くのかを知らない。
15あなたがたは肉によって人をさばくが、わたしはだれもさばかない。16しかし、
もしわたしがさばくとすれば、わたしのさばきは正しい。なぜなら、わたしはひと
りではなく、わたしをつかわされたかたが、わたしと一緒だからである。17あなた
がたの律法には、ふたりによる証言は真実だと、書いてある。18わたし自身のこと
をあかしするのは、わたしであるし、わたしをつかわされた父も、わたしのことを

あかしして下さるのである」。
19すると、彼らはイエスに言った、「あなたの父はどこにいるのか」。イエスは答
えられた、「あなたがたは、わたしをもわたしの父をも知っていない。もし、あな
たがたがわたしを知っていたなら、わたしの父をも知っていたであろう」。
20イエスが宮の内で教えていた時、これらの言葉をさいせん箱のそばで語られた
のであるが、イエスの時がまだきていなかったので、だれも捕える者がなかった。

第四二講

神の共証

ヨハネ伝八章一二〜二〇節

イエスは、また人々に語ってこう言われた、「わたしは世の光である。わたしに従(したが)って来る者は、やみのうちを歩くことが（決して）なく、命(ゾーエー)の光をもつであろう」。

（八章一二節）

イエス・キリストは、幕屋祭(まくやさい)（仮庵(かりいお)の祭り）の時に、エルサレム神殿(しんでん)の内庭で教えておられました。八章二〇節を読みますと、「これらの言葉をさいせん箱のそばで語られた」とあります。賽銭箱(さいせんばこ)は、神殿内の「婦人の庭」の廊(ろう)に備えてありましたので、そこにいる人々に向かって、「わたしは世の光である」と語られたことがわかります。

エルサレム神殿の模型
（手前の壁に囲まれた中が婦人の庭）

この時代、幕屋祭の期間中は、神殿の婦人の庭に四つの高い燭台が立てられ、一週間、煌々と光を灯しつづけておりました。その光は、何を象徴していたのでしょうか。

光が象徴するもの

イスラエル民族は、今から三千数百年前、エジプトで奴隷のような状態にありましたが、主なる神がモーセという人物を用いて救い出されました。だが、出エジプトして四十年間、カナン（現在のイスラエル）の地に帰るまで、荒野をさすらいながら、天幕での生活を続けねばならなかった。そのことを記憶するのが、幕屋祭です。その厳しい荒野の四十年において、彼らを導いたものは何であったか。

聖書を読むと、主なる神はイスラエルの民と共に歩まれ、昼は雲の柱、夜は火の柱をもって導かれた。また、民の宿営と共にあった「会見の幕屋」(神と民が出会う聖所)の中では、ただ七枝の金の燭台の光だけが暗きを照らしていた、とあります。

そういうことを予備知識として知っていますと、イエスが「わたしは世の光だ」と言われることにピンとくるわけですね。何もない場所で「光」と言われてもよくわかりませんが、朝早くまだ真っ暗な中で四つの大燭台の光が見えておりましたら、「世の光」という言葉がいっそう意味深く感ぜられたでしょう。そして、不思議な光が導いてくれたから、自分たちの先祖はついに出エジプトすることができた、ということを思い起こすわけです。私たちもまた、その不思議な光の存在を知りたいものです。

神の光に照らされて

聖書には、「神は霊である」「神は愛である」「神は力を与えるものである」などと、いろいろと神について述べられておりますが、ヨハネ第一書には「神は光である」(一章五節)と書かれております。この定義は、実に大きな定義です。そして、ヨハネはさらに「光は暗きに照り、少しも暗いところがないもの、これキリストである」ということを記しております。

旧約聖書のイザヤ書六〇章にも、

「起きよ、光を放て。あなたの光が臨み、
主の栄光があなたの上にのぼったから。
見よ、暗きは地をおおい、やみはもろもろの民をおおう。
しかし、あなたの上には主が朝日のごとくのぼられ、
主の栄光があなたの上にあらわれる」（一、二節）

とあります。真っ暗な世界に光が射し込んでくるとは、やがてメシア（キリスト）が来臨することの預言にほかなりません。さらにイザヤ書九章には、

「ヨルダンの向こうの地、異邦人のガリラヤに光栄を与えられる。
暗やみの中に歩んでいた民は大いなる光を見た。
暗黒の地に住んでいた人々の上に光が照った」（一、二節）

などと書いてあります。こういう聖書の言葉を思い浮かべると、キリストが「わたしは世の光である」と言われた意味が、ユダヤ教徒にはわかったことでしょう。

そのことが私たちにもわかる、ということだけではいけません。キリストは、「あなたがたは、地の塩、世の光である」(マタイ伝五章一三、一四節)と言われました。私たちもまた世の光なのである、と。キリストに似る者でありたいものです。

それで、キリストに従う者は、生命の光を得て暗きを歩みません。

神は光である、とありますが、光が照らなければ何が真実であるか、何が偽りであるかわからない。太陽が昇ると、今まで真っ暗で見えなかったものがだんだん姿を現し、はっきり見えてきますように、神の光に照らしてこの世を、またこの時代を見ますと、私たちはいろいろと物事の真相を教えられます。

キリストこそ世の光です。この光によって暗きに迷う心も照らされる時に、何が本当であるかがわかります。左に行くべきか、右に行くべきか道に迷うときも、神の光に照らされてみると、どちらの道を選ぶべきかが示される。これキリストの御光、また御働きであります。

このように光に照らされて、私たちは生きています。すべて生きとし生けるものは、光の恩恵に与り、光がなければ生きられない。日陰の草が太陽の光を求めて伸びてゆくように、私たちの信仰生活も、キリストという不思議な生命の光、魂の光を見上げてゆくところにあります。

それは、この世だけのことではありません。死の彼方、来世にまで、私たちはキリストの光に照らされて歩んでゆくんです。光がなければ、私たちは歩くことができません。

私たちは、暗い心の闇夜の中で思い惑って、どれだけ考えても、問題は解決しない。

しかし、神の光がさっと闇を照らすと、「あっ」と言って問題が解けるんです。私も、以前はほんとうに光のない世界に生きていた者でしたが、ある時からキリストに照らし出されて嬉しい身となりました。

光の中で光の子となる

多くの人が、「信じたらわかる」と言われるから教会に行って信仰を始めますが、いつまで経っても信仰が伸びないという。それは真っ暗な中で「信じます、信じます」と言っているだけだからです。

ところが、光の中で信仰する者は、明々白々、確信をもって生きてゆける。人々が何と言おうと、光に照らされて自分を見、また自分の前途を見、問題を見てゆきますから、確実な信仰が続く。光なくしてどれだけ信じたって、真実というものはわかりません。光に照らされて、真実が、何が本当であるかが示されてわかるからです。

回心前のパウロは、闇の中で狂い、多くの人々に乱暴の限りを尽くしていました。だが、ダマスコ城外で天よりの光が彼を包みました時に、全く変わってキリストの使徒となりました（使徒行伝九、二二、二六章）。

闇の中にいる者には、光を照らしてやらなければ光はわからない。まず、大いなる光に照らし出されることが救いです。ヨハネ伝は、そういう立場に立って信仰を説いています。ですから私たちは、光の中に入って、自分も光の子となろうとすることが大事です。

光の世界に入ってきたら、光の中で光の子となります。暗きに追いつかれぬようにして、すっかり光の世界に入ることが、まずいちばん大事です。それから本当の信仰が始まるんです。それまでは信仰以前です。今のキリスト教は、信仰以前を盛んにやっております。神の光、キリストの御光というものを別にして、真っ暗な中で盛んに議論ばかりやっていますから、いつまでも問題が解決しません。

客観的真理と主観的真理

イエス・キリストが、ご自分は世の光であると言われると、パリサイ人たちがそれに反抗して議論をしかけてきました。

私たちは、光の中に入れられた者らしく生きることが始まるならば、この八章で行なわれている、何が真実か、そうでないかという議論についてもわかってきます。

パリサイ人たちがイエスに言った、「あなたは、自分（あなた自身）のことをあかししている。あなたのあかしは真実ではない」。イエスは彼らに答えて言われた、「たとい、わたしが自分（わたし自身）のことをあかししても、わたしのあかしは真実である。それは、わたしがどこからきたのか、また、どこへ行くのかを知っているからである。しかし、あなたがたは、わたしがどこからきて、どこへ行くのかを知らない。あなたがたは肉によって人をさばくが、わたしはだれもさばかない。しかし、もしわたしがさばくとすれば、わたしのさばきは正しい（真実である）。なぜなら、わたしはひとりではなく、わたしをつかわされたかたが、わたしと一緒だからである。あなたがたの律法には、ふたりによる証言は真実だと、書いてある。わたし自身のことをあかしするのは、わたしであるし、わたしをつかわされた父も、わたしのことをあかしして下さるのである」。

（八章一三～一八節）

イエスはここで頑固なくらいに、「わたしは真実だ」と言われます。「ユダヤの律法では、真実を証しするには二人の証人が要るというではないか。それは誰かというと、わたし自身と、またわたしを遣わされた天の父である」と言われる。

それに対してパリサイ人たちは、前の章からずっと「だが、おまえの父親はヨセフで、もう死んでいるじゃないか」と言おうとしております。イエスは、「そうではない、天の父なる神様がわたしと共に証しされる」とずいぶん言われるが、次元の違う神の世界の真理は人々にわからない。ここに議論の分かれ道があります。

何が本当か、真理かというとき、真理には、論理的に証明できる客観的真理と、ある人が自分で感じ、また体験して真実だと信じる主観的な真理というものがあります。

たとえば、基礎的な数学や物理学では、万人が否定できないような、5+5=10というような客観的な真理を考えます。けれども、「この花は美しい」ということになると、主観的なことですから、「さあ、美しいかしら?」と言って、人によって議論があります。見る人の気持ちにもよりますし、それぞれの主観によっても違ってきます。そこでは、何が本当であるか、ということはなかなか決まりません。

ここに、客観的真理と主観的真理というものの違いがあります。客観的真理というのは、理屈で、理詰めで証明しうるものです。だが、主観的に真理だというときには、そうはゆかない場合がある。

たとえ少数であっても

神は存在するのか、ということもそうです。また、私たちの原始福音運動についても同様です。ある人は、「二千年前のキリストとその直弟子たちが生きていた時代を目指すというが、それは幕屋の独断で、主観的な考えだ。客観的に見ると、今まで大勢の学者や教会がずいぶんと考えて、神の存在とは、またキリスト教とはこういうものだと決まっているではないか」と言います。ここに、パリサイ人たちとイエスとの衝突と同様な問題があるといえるでしょう。

そんな中でも、朝早くからエルサレムの神殿で、イエス・キリストのお話を聴きに集まっていた民(ラオス)がいた、ということになると、少数の者にはイエスの言われる真理というものが理解できておりました。

今は、がんという病気で亡くなる人が非常に多いので、がんの研究がどんどん進んでいる。そんな話を、薬学の研究をしているC君としていると、ある薬について、

「これは、七パーセントくらいの人に効くんです」と言います。

「たった七パーセントにしか効かないのか?」と聞くと、

「いや、七パーセントに効く薬というのは、大したものです!」と言うんですね。

九三パーセントの人には効かなくても、七パーセントくらいの人は助かっているという実験結果がある。七パーセントという少数の人たちに実験して真理であったら、それは良い薬と認められて博士号が貰えるというんです。

原始福音の信仰は、主観的なものだと言う人たちがいる。しかしながら、全国で多くの

兄弟姉妹の周囲に共鳴共感を呼んでいるということになると、これは博士号が貰えるくらいのことじゃないですか。日本全体から見たら少数でも、普通では起きがたい不思議なことがわれわれの中で起きているならば、十分、真理であるということです。

真理に対する二つの態度

十六世紀のことでした。ポーランドの天文学者、コペルニクス*は地動説を唱え、旧来の天動説に反して「地球は太陽の周囲を回っている」ということを言いだしました。「コペルニクス的転回」という言葉も生まれたほど、それは従来の世界観を根底から覆し、近代科学の新しい道を拓きました。その後、ガリレオ*・ガリレイという科学者もコペルニクスに賛同して、地動説を実証しました。

しかし、地動説などという考えは、当時のカトリック教会の思想に反するものでした。それでガリレオは、ローマ教皇から異端として厳しく審問されて、とうとう投獄されてしまいました。そして、自説の撤回を強要された。今では誰でも客観的真理として受け入れていることでも、時代がまだ暗いと理解できないということですね。

ガリレオは、「地球が太陽の周囲を回っているかどうかというようなことで、牢屋に入ることはないじゃないか。ちょっと訂正したらいいのだ。私が間違っていました、と言ったらよい」と言われ、地動説を撤回することを誓いました。そうして出獄することができました。しかしその時に、「それでも地球は動いている」とつぶやいた、というのは有名な話です。

彼が言ったのは、今は世に認められなくとも、また、たとえ自分という人間が真理に対する節操を曲げたとしても、「地球が動いている」という客観的真理は、真理として変わらない、ということです。

一方、その頃に、ジョルダーノ・ブルーノ*という哲学者がおりました。

彼もコペルニクスの地動説を熱心に支持しました。彼は、「神は天の高御座においでになると信じられてきたが、あの天上の星もこの地球の大地も、同じ物質でできている。同じ物理的な法則が働いている」と言いましたので、彼もローマ教皇の命で捕らえられて投獄されました。皆が長い間、天に神様がいると思っていたのに、「それは違う」というんですから、冒瀆に値するということです。

ガリレオ同様に、ブルーノは「自説を撤回せよ」と勧められましたが、「真理の深層をかいま見た自分が倒れたならば、真理はいつ万人のものとなるであろうか！　真理が立つためならば、私はむしろ死んだほうがいい」と言って拒否したので、火あぶりの刑に処せられて死んでゆきました。

それで、ガリレオよりブルーノのほうが偉かった、と言う人がおります。ブルーノの唱えた内容は、客観的に説明できるものではありませんでした。だが、彼の真理に対する態度は、己の考えに命をかけるものでした。

ハンブルク大学の教授でした*ヘルムート・ティーリケという有名な神学者がおりますが、この先生は「キリスト教の真理の弁証とは、ブルーノのようなことだ」と言っております。以前に私がヨーロッパを旅行した時、このティーリケ教授のお宅を訪ねたことがありますが、ティーリケ教授の考え方は、

「キリストの福音を証しするというのは、命がけのことだ。自分は福音のためには死んでもいい、というように命がけでなければ証しはできない」ということで、ブルーノのような真理の証しのしかたということを高唱しました。

主の霊も共に働いて

しかしながら、私は必ずしもティーリケ教授の考えに同調していません。彼が言っていることは立派なことですが、私の先生はイエス・キリストですので、イエス様はどうであったか、と聖書を読んでゆくだけです。

キリストは何と言われたかというと、「わたし自身のことをあかしするのは、わたしであるし、わたしをつかわされた父も、わたしのことをあかしして下さるのである」(八章一八節)とあります。すなわち聖書においては、人間も真理を叫び、福音を伝えるが、また自分と共に福音を証しする者がある、ということです。それはどういうことであるかというと、マルコ伝の最後に次のように書かれています。

(イエスは弟子たちに言われた)「信じる者には、このようなしるしが伴う。すなわち、彼らはわたしの名で悪霊を追い出し、新しい言葉を語り、へびをつかむであろう。また、毒を飲んでも、決して害を受けない。病人に手をおけば、いやされる」。主イエスは彼らに語り終ってから、天にあげられ、神の右にすわられた。弟子たちは出て行って、至る所で福音を宣べ伝えた。主も彼らと共に働き、御言に伴うしるしをもって、その確かなことをお示しになった。

（マルコ伝一六章一七〜二〇節）

「主も彼らと共に働き、御言に伴うしるしをもって」というのは、ここに列挙されているようなしるしをもって、弟子たちの伝道が確かであると証明された、ということです。

ですから、私たちの原始福音の伝道において大切なことは、自分も一生懸命に証しする。また、証しするに足る人間でありたいし、卑怯未練な真似はしたくない。だが、なおもう一つ大事なことは、キリストご自身の霊が共に働いて、「見よ、手島が言ったとおりではないか。誰さんが言ったとおりではないか」と、霊的なしるしをもって御言が証しされなければ駄目だというんです。

神と人との共同証明

同様のことは、ヘブル書にも記されています。

「この救いは、初め主によって語られたものであって、聞いた人々からわたしたちにあかしされ、(ただ証しされただけではなく)さらに神も、しるしと不思議とさまざまな力あるわざとにより、また、御旨に従い聖霊を各自に賜うことによって、あかしをされたのである」(二章三、四節)とあります。これが大事です。

すなわち、自分が主体的に真理を述べるだけではない。それ以上に神もまた、その真理を裏づけるために証明してくださる、ということです。

人と神の霊が働いて、共同で証明する。これは、キリストの福音に独特なことです。

これが聖書の真理の性格であり、独特な証明のしかたです。

それで、私たちが福音を宣べ伝えるときに、神の霊も共に切り込んできて、事ごとに解決をつけ、不思議としるしを現すことを通して、人と共同の証しをされる。これが、初代クリスチャンの信仰、原始福音の日常の現実だったんです。

ですから、私たち自身に聖霊の雰囲気が伴わなければ、証しにならないということです。いくら「命がけでやります。死に物狂いでやります」などと言っても、口で言うのは易しいことです。何度も安易にそういうことを言う人がいます。私はそんな人に対して、「君は何度そういうことを言うんだ」と叱るんです。

主の御霊が共にあって、共に働きたまわなければ本当でない。すなわち、私たちに不思議なしるしが伴っているなら、キリストが共に働いてくださっているということです。

イエスが説かれる証しとは

「人が反対しても、自分の信ずる真理を証ししつづけて死んでゆかねばならない」と言って、ブルーノのような立場がキリスト教の真理の弁証だとする人があります。確かに、ギリシア語の「*μαρτυρια*　証し」は、ラテン語の martyr（殉教者）の元になりました。すなわち、その真理のために殉教するくらいの、命をかけるくらいの気概で証しするのが、本当の証しだというわけです。

日蓮上人でも、殉教を恐れず、時の権力をも恐れずに法華経の真理を鎌倉の辻で叫びました。あるいは明治維新後の熊本で、*神風連の人々は時代に抗して戦い、ほとんどが見事に死んでゆきました。彼らは、命をかけて自分の信ずる道に歩きました。実に立派でした。真理のためには、命をかけなければどうしてもできないことが、確かにあります。

ところがイエス様は、必ずしもそうではない。

ユダヤの律法では、昔から「二人の証人が証するときにそれは真実である」といいます。キリストの意識も、「わたしは一人ではなく、わたしを遣わされた方と一緒だ」というものでした。「わたし自身のことを証するのはわたしであり、また(同時に)わたしを遣わされた父もわたしを証ししてくださる。神様と自分が証ししている、二人なのだ」と言われる。ここに、イエス・キリストの証しのしかたと、ブルーノやガリレオのような証しのしかたとの違いがあります。

神様だけが知っている

私は偉い学者ではないから、ブルーノが正しいのか、ガリレオが正しいのか、それはわかりません。まあ人間、その時、その場、その状況があって、恥を忍んででも生きなければならないときもあります。命を捨てるばかりが能ではないと思う。

私が若い頃、近所に飲食店を経営する婦人がおりました。ある実業家との間に私生児をもうけましたが、父親の名を明かさず、独りで立派に子供を育てていました。私は、ほんとうに健気だなと思ったことがあります。その人は何でも私には話してくれたけれども、「そう、そんなに辛かったの」と言って共に泣きました。誰にでも、人に言えないようなことがあります。（ここで『悲しき子守唄』を歌いだす）

可愛いおまえが　あればこそ
つらい浮世も　なんのその
世間の口も　なんのその
母は楽しく　生きるのよ

つらい運命の　親子でも
吾が子は吾が子　母は母
神様だけが　知っている
たまに逢う日の　子守唄

『悲しき子守唄』を歌う手島郁郎

これは『愛染かつら』という映画の中の歌ですが、訳あって離ればなれに暮らす、主人公とその子の境遇を歌っております。私はいつもこの歌を歌っては、「神様だけが知っているよ」と言って、その婦人を励まし、慰めたものでした。

イエス様は、「父なる神様だけがわたしを知っていてくださる」と言われて、徹底的に何の証人も必要としておられません。裁判では二人の証人が必要であるというなら、神様とわたしが証ししている。それで十分だ、というんです。

ブルーノなどのように、真理とは自分が命をかけて守るものだ、と悲壮な感じに捉えるのが普通の考え方です。しかし、このヨハネ伝の箇所を読んで感ずることは、そうではない。

イエス・キリストのお心は、「わたしを愛してくださり、わたしをこの地上に送ってくだった神様だけがわたしを知っていてくださるなら、それで十分満足だ。だからわたしは、わたしについて証しするのである」ということです。

人知れず恥を忍んで生きなさったあの婦人の姿。私の目に焼きついています。ほんとうに女の人は、男が知らない大きな十字架を負って生きている、と思いました。それも、ちょっとのことじゃない、一生負って生きなさる婦人たちがおられる(泣きながら)。

それから私自身も、「ただ、神がすべてを知りたもう」と思うようになった。

その時に、人の批評は恐ろしいけれども、しかし恐れまいという気持ちが湧きます。

神様がご存じならば、やがて神様はきっと証ししてくださる。この地上でできないなら、あの世に行ってでも証しができる。

多くの神なき人たちは天国というものを知らないから、来世があるとしても、この世の嫌な苦しい状況がずっと続くと思います。

しかし、キリストとその光の子たちの運命は、全然違います。

貧しい人、落ちぶれているような人でも、その人が天国の生命、永遠の生命を宿して生きていれば、たとえ死んでも、天界が、天国が、その人を待ち受けて大事にしてくれるんです。そんな霊界の幻を見ますと、人間の尊さの価値判断が違ってきますよ。
キリストは、ご自分がどこから来てどこへ行くかを知っておられました。多くの人はそれを知りません。それで宗教生活、霊魂を育てるということをあざ笑っていたら、大変なことになります。次の世界への準備をすることは大切なことです。地上において、貧しい生活をしていても、心は天使のように過ごしている人たちがおります。また、そのような心をもって地上を生きることは、ほんとうに楽しいですね。

（一九七三年十月二十一日）

＊ニコラウス・コペルニクス…一四七三〜一五四三年。ポーランドの天文学者、聖職者。

＊ガリレオ・ガリレイ…一五六四〜一六四二年。イタリアの天文学者、科学者。自作の望遠鏡で天体観測し、地動説を裏づけた。

＊ジョルダーノ・ブルーノ…一五四八〜一六〇〇年。イタリアの哲学者。

＊ヘルムート・ティーリケ…一九〇八〜一九八六年。ドイツの神学者。ナチスに抵抗して大学を追われる。戦後、テュービンゲン大学教授、総長。その後、ハンブルク大学教授、総長。

＊神風連…「神事は本なり、人事は末なり」を根本理念とし、敬神党ともいう。明治維新の王政復古は不徹底であるとして、一八七六年（明治九年）、神ながらの道に帰ることを祈り、熊本で挙兵した。

第四三講

キリストの真（まこと）の弟子とは I

ヨハネ伝八章三一、三二節

今日は体調が非常に悪いですから、ヨハネ伝の一、二節だけお読みしたいと思います。

イエスは自分を信じたユダヤ人たちに言われた、「もしわたしの言葉（ロゴス）のうちにとどまっておるなら、あなたがたは、ほんとうにわたしの弟子（でし）なのである。また真理を知るであろう。そして真理は、あなたがたに自由を得させるであろう」。

（八章三一、三二節）

ここでイエス・キリストがご自分を信じたユダヤ人たちに語られた言葉は、大切なことです。この人たちはイエスの弟子になろうと思って信仰に入ったばかりですから、最初が大事です。最初に間違った信仰をもったら、いつまで経っても本当の信仰になりません。ここで言われていることは、信仰の最初であり、また最後まで大事なことです。

キリストの弟子になるというなら、この言葉がわかるだけでほんとうに十分です。それがなかなか、今のクリスチャンにはわからないんですね。

主よ共に宿りませ

ここでキリストは、真の弟子とはどういうものか、ということを言っておられる。すなわち、「もしわたしの言葉のうちに留まっているなら、真の弟子である」とおっしゃった。これは、何かキリストの教訓を守っていればそれが弟子だ、という意味ではありません。

ギリシア語の原文を読まれたらわかりますが、「もしわたしの言葉の中に留まっている（μείνητε）なら、わたしの弟子である」とあって、「μένω　留まる」という語を使っています。この「メノー」には、「留まる、宿る、住む（英語では abide, dwell, remain）」などいろいろな訳し方がありますが、ヨハネ伝では非常に多く使われており、ヨハネが重要視していることがわかります。「留まる」といってもわかりにくいかもしれませんが……。

このような賛美歌があります。（静かに賛美歌を歌いだす）

いのちの暮れちかづき
世の色香うつりゆく
とこしえに変わらざる
主よ共に宿りませ

この「共に宿りませ」は、英語の原詩では「abide with me（私と共に留まってください）」となっています。

これは、小鳥が巣の中に宿っている姿を思い浮かべるといいでしょうか。私の住む大田区の家の庭木には巣箱がたくさんかけてありますが、小鳥は巣ごもりし、巣の中に留まっていなければ安心して眠ることはできません。また、雛が孵ると、雛鳥たちは餌を運ぶ親鳥の声を聞いて喜びます。そして、いつもその声に密着して留まっている。

同様に、私たちもキリストの言葉の中に留まっていないならば、本当の弟子ではありません。

それは、ただキリスト教の教理を信じたり、聖書にあるイエスの言葉の端々を信じる、などという程度のことではない。いつもキリストの御声が響いてきてならないような雰囲気の中にある、神の言葉とすっかり一つになった境地にあることです。

家の中で、小さい子供が「お母ちゃん！」と呼んだら、「はい」と応える母親の声が聞こえてくるように、ほんとうにイエス様のお言葉が聞こえてくるような状況をいうんです。

もし、キリストの御言葉の中におるというのならば、「ああ主様、問題があります。どうしましょう」と言ったら、キリストの神様が「ウン、ウン」とすぐ応えてくださるような、密接な神との合一、神と一つになった神秘的な関係にあるはずです。このような状況になったら、キリストの本当の弟子です。

キリストの言葉を聴くとは

さらに、「わたしの言葉のうちにとどまっておるなら」という箇所で、「言葉」と訳された「λογος」というギリシア語を「revelation　啓示、黙示」と訳している英訳聖書があります、「If you dwell within the revelation I have brought……　もしあなたが、わたしがもたらした啓示の中に住むならば……」と。

これを見ると、「言葉の中に留まる」というよりも、「今もなお、イエス様の声が聞こえるような心境の中にある」ということですね。すなわち、神秘的なキリストと合一する宗教経験というものが大事なんです。

神は啓示したもう、指示したもう、御心を表したもう。

このキリストの啓示の中に生きている者は、悪の世の中にあっても悪の中には住んでいません。それは、詩篇一篇の冒頭にあるとおりです。

幸いなるかな、悪しき者のはかりごとの中に歩まず、罪びとの道に立たず、あざける者の中に座らない人は。
このような人は主の指図(トーラー)*を喜び、
昼も夜も、その諭しを思う。
(詩篇一篇一、二節　私訳)

なぜこの世の悪や流行と共に歩かないのかというと、神のお指図がいつも魂から離れないからです。また「הגה 思う」というヘブライ語は、「口ずさむ、瞑想する」という意味の語で、瞑想しつつ言葉が口をついて出てたまらないような状況をいいます。神のお言葉が、もう次から次に口をついて出てきて、「ああ、あの時は、あのようにおっしゃった」と、たとえ一句であったとしても、それが何度も何度も力になって溢れてくる。

このような人になったら、もう罪人の道を歩いたりはしないし、悪しき者のはかりごとに誘われて「おい、こんな計画があるから、これで大儲けしようじゃないか」などと言われても、心がそちらに向きません。自分の胸から沸々と滾るように、神のお指図の言葉が湧いてくるからです。

私たちもそうでなければなりません。そうしたら、下手に頭で考えるよりも、「感激、感謝！」と言って、どれほど不思議な展開を毎日経験するかわかりません。私たちにとっていちばん大事なことは、それです。「キリストの言葉の中に」といっても、過去において語られた言葉はパターンとはなりますが、現在、生きた御言葉の中に浸るようにして人生を歩いていることが、真の弟子たる条件です。

日々、キリストのお指図を仰いで

私も朝から主イエスのお指図にしがみつくようにして、「主様、今日は何をしましょうか、どうぞ教えてください」と上よりの黙示を求めます。自分で判断することよりも、まず神の御旨を問います。すると、やはり神は語りたもうですね。私は昼に夜に、いつも神に聴いて生きています。神の示しに聴従して、決して自説に固執しません。

人は、「手島の言うことは昨日と違うじゃないか、信念がない」と言うでしょう。そうじゃないんですよ。私は神に聴いているから、変わるんです。自分の間違いは、いつでもすぐに直す。だから進歩するんです。固定の教理、観念、道徳にしがみついていたら、凝り固まって少しも進歩しません。

信仰はもっと生きた出来事です。昔の死んだ言葉ではない。静けき神の御声を聴き、そのお指図にしがみつくように聴いている。昼も夜もそれを瞑想し口ずさんでいる状況にあるならば、本当の弟子だ、とイエスは言われる。

そのためには、もっと霊的な神秘を知る人間にならなければ駄目です。

どうでしょうか、お互いそのように常住坐臥、寝ても覚めてもキリストの御言葉の中に囲まれて生きているでしょうか。それが問題です。過去ではなく、現在のことです。ほんとうにどうだろうかと思うと、そうでありません。

私は今度病気をしまして、しみじみ嬉しいのはこのことです。目をつぶると、また目を開けても、私が休んでいる上に、この六十幾年、私を愛して導いてくださったキリストの御霊は、神様はジーッと見つめて、弱りきった私の身体をご照覧です。また、幾人かの天使たちがイエス様のおそばにあって見守っている。

ああ、神様！　私はなんと不思議な中に生きているんでしょう（泣きつつ）。

こんな破れかぶれの身体、死んでもいい身体をなお見ていてくださる。また地上には、愛する兄弟姉妹たちが心配して看てくださる。私は死んでも幸福です。幸福です……。

人間は善か、悪か

キリストの真の弟子となるとき、人間はどのように変わるのか。それについて、神様が人間をお造りになった時のことを記す創世記の箇所を見てみましょう。

神様が天地宇宙を創造なさいました時、その最後に人類を、アダムとエバをお造りになりました。神様は造りたもうた一切のものを見て、「はなはだ良かった」と言ってお喜びになりました。特に、神はご自分の姿（ヘブライ語で「צלם　影」）に似せて人間を造られました。それを男と女に分けて、互いに愛し合って生きるようにされ、「なんと素晴らしい傑作、人類ができただろう。生めよ、増えよ、地に満ちよ」と祝福された。

しかるにアダムとエバは罪を犯して、エデンの園の知恵の木の実を食べ、楽園を失いました。それ以来、人類はますます悪化して、人の悪が地にはびこり、その心に思いはかることがいつも悪いことばかりであるのを見られて、神様は人間を造られたことを悔いて心を痛められた（創世記六章）。そして、こんな人間は地上から一掃してしまおうと思われて大洪水を起こし、ただ義人ノアの家族だけを助けて新しい世界を造ろうとされた、という

「ノアの箱舟」の物語があります。

神は人間を最善なものとして造ったのに、どうして人間は悪を行なうのか。なぜ人間の社会は、私たちが毎日の新聞やテレビで見るような嫌な世の中になったんでしょうか。

宗教や哲学において、人間は生まれながらに善なのか、悪なのかということが問題とされます。これを性善説とか性悪説などといいます。「人間は悪である」という考え方もあります。ある神学者は、「人間は罪人である。人類の魂は罪に腐って、神の前に出ることはできない」と言います。教会に行きますと、皆、自分を「罪人、罪人」と言って嘆きます。どうでしょうか、人間は生まれながらに善なのか、悪なのか。

内なる衝動

聖書はそれに対してどう答えているか。ユダヤ人の宗教哲学者マルティン・ブーバー*は、この問題について次のようなことを言っております。

人間は本来、造られた時は良い存在であったのに、神は人間を造ったことを悔いられた。それは、その心に思いはかることが悪いことばかり、暴虐なことばかり、すなわちテロ、エロ、グロ、ナンセンスなことばかりであるからだ。この「思いはかる」という語は、英語の聖書では、「imagination 想像」などと訳されている。これはヘブライ語で「יצר」という語であって、「想像」というより、「イメージを作る力、衝動」という意味である。すなわち人間の心の中には、いろいろな思想やイメージが浮かんでくる。それらを実現しようとする情熱があって、それが人間をいざなう。その衝動、これが悪いのだ。これを放任していると、悪いことを起こす――ということを述べております。

たとえば、テレビは機器としては良いものです。しかし、ろくな番組がありません。特に夜の番組は見ておれない。家庭ではとても見せられない。家庭を破壊するような番組ばかりです。子供の番組にしてもそうです。これはなぜかというと、テレビの番組を作る制作者の考えが非常に下劣で営利主義的なためです。それで肉感的で暴虐な内容になる。そういうものを放映するから悪いのであって、テレビ自体が悪いのではありません。

それと同じように、人間は造られた時には、はなはだ良かった。しかるに人間は、もう心の奥底から何か衝動的に悪いことばかりが浮かんでくる。それで、これは手に負えぬといって、神様は処置しようとされた、と聖書は言っています。

理性では抑えられぬ衝動の力

しかし、このことは他人事ではないと思います。私たちも同様に、「私はあの時、物を盗むつもりでなかったけれども、またあの人を叩くつもりじゃなかったけれども、何でつい手が出てしまったのだろう」と悔やむことがあります。

また、「こんな世の中はぶち壊して変えてやろう」などという衝動が起こったら、どんなひどいことでもします。昨今の赤軍派など過激派の乱暴ぶりを見ると、あの暴虐さ、テロリズムというものは、普通の人間では考えられないことですね。しかし、もう自分たちの衝動が収まらないんです。「世界同時革命」などという一つの幻を描いたら、もうそっちのほうに自分が動いてしまい、どうにもしようがなくなる。

たとえば、ナチスを率いたアドルフ・ヒットラーもそうでした。第一次世界大戦で傷を負った軍人だった彼は、ある時、ミュンヘンで国家社会主義のグループに触れて刺激を受けた。そして、「第三帝国を、ドイツに作るのだ」というイメージがむらむらと湧くと、それが彼の心を動かしはじめた。ついにナチス党として拡大し、全ヨーロッパの国々を侵して暴虐の限りを尽くしました。特にユダヤ人たちは、捕らえられて次々と毒ガス室に入れられるなどして、六百万人も殺されました。

理性的に考えたら、そんな残酷なことをとてもできませんよ。しかし、理性や教養の力などは無視するような何かが働くんです。それが働きだしたら手に負えません。

最近、私はある一人の人にほんとうに尽くしました。気の毒な人です。とかくの噂があって皆から嫌われる。地位もあり、学歴もある。だが、守銭奴で利己的で、平気で人を裏切り、義理人情を踏みにじる。それで嫌われて孤独です。

ある方が、「もうあの人には宗教的な救いしかない」と言われるので、私も何とか救われないかと真心を尽くしました。だが結局、その人は私に対しても同様でした。どうしてこんなことをするのだろう。魔が差した、と言えばそれだけですが、今までのことを思ったら到底考えられません。

しかし、人間には何か魔物が働く時があります。いくら教養があり、紳士の顔をしていても一皮剝げば狼となるような、何か自分を抑えることができない、ある衝動というものが人間にはあります。

ジャン・バルジャンの物語

それについて、私が若い頃に世界文学全集で二度も読んだ[*]ヴィクトル・ユゴーの小説『レ・ミゼラブル（ああ無情）』の主人公、ジャン・バルジャンのことを思い起こします。

＊

貧しい百姓上がりの男ジャン・バルジャンは、姉の夫が七人の子を残して死んだので、姉とその子供たちを養うために精いっぱい働きました。けれども失業して、パンを買うお金すらなくなった。

彼はパン屋に行って、一つだけと思ってつい手を出したところを捕まってしまい、監獄に入れられました。しかし、子供たちのことを思うと居ても立ってもいられず、何度も脱獄してだんだん刑が重くなり、十九年も服役しました。やっと彼が監獄を出た時は、四十六歳になっておりました。

監獄を出たけれども、元囚人として嫌われ、あてどもなく街を歩いて宿を求めても、宿にありつけません。みんなが彼の顔を見ただけで恐れます。寝る所がないので、とぼとぼと歩いて、夕暮れ時、寒いのでうずくまっておりましたら、一人の女が「向かいの教会の司教館に行ってごらんなさい。あのミリエル司教という方は神の人と仰がれるような優しいお方だから、あるいは泊めてくださるかもしれないよ」と言うので、行きました。

ジャン・バルジャンが「私はこういう者です」と監獄を出た証明書を見せると、司教は「いや、もうそれは済んだことです。ここはイエス・キリストの家です。あなたは私の兄弟です」と言って、彼の身分を気にかけることもなく、温かく迎えました。そして、高価な銀の皿や銀の燭台を持ってきて、晩餐を共にしました。夢のようでした。

ジャン・バルジャンは真夜中に目が覚めると、「また今日も監獄の労役か」と思ったら、暖かいベッドの上にいる。夢じゃないかと思いましたが、前夜の楽しかったことを思い出した。そして、銀の食器六組のことも。「今どき、べらぼうな金になる。あれを持ち逃げしたら……」と思いだしたら、もう止まりません。抜き足差し足、こっそりミリエル司教の部屋に忍び込みました。

何とか銀食器を持ち出すことができましたが、街を歩いているところを憲兵に捕まり、ミリエル司教の所に連れ戻された。しかし司教は、「この銀の食器は、私が差し上げたんです。それは、この人が正しい道を歩むためです」と言います。そういう言葉を聞いた時、ジャン・バルジャンは茫然となりました。

その後、彼が道端に腰掛けていると、一人の少年が嬉しそうに硬貨をもてあそびながら歩いてきました。すると、ジャン・バルジャンの前で一枚の銀貨がすべり落ち、彼は思わずその銀貨を足で踏みつけました。少年が、

「おじさん、ぼくの銀貨を返して！　足をどかして」と何度頼んでも、

「行ってしまえ！」と言って、足をどかしませんでした。見るからに屈強で、こわもてなジャン・バルジャンです。とうとう少年は泣きながら立ち去りました。

やがて足元でキラッと光った銀貨を見て、彼は、

「ああ、おれはなんという悪いやつだろう。ミリエル司教様からあんなに愛をかけていただいたのに盗みを働き、今また、一人の少年があんなに一枚の銀貨を喜んでいたのに、それを奪って悲しませた。こんなに恐ろしい心が、どうして自分の中に起こるんだろう」と嘆きました。

彼は、自分がなんと呪わしく惨めな男かと思いました。だがその時、暗い心の中に一つ

の光が現れてくるのでした。よく見ると、それはミリエル司教の優しい面影でした。その温かいまなざしが、じっとジャン・バルジャンを見つめています。すると彼の目から、十九年間、投獄されてから一度も流したことのない熱い涙が、止めどもなく流れてくるのでした。

それから数年が経ちました。ある町に、失業した女たちに職を与え、皆から喜ばれている工場があった。工場主は、皆から慕われ、ついに担がれてその町の市長になりました。そして、気の毒な孤児たちや女たち、弱い者たちをかばって善い政治をしました。だが、一人の刑事が「あいつは、あのジャン・バルジャンだ」とにらんでおります。そして、再び逃亡しなければならなくなってしまいます。

その後ジャン・バルジャンは、かつて仕事の世話をしたことのある女の娘・コゼットをひどい環境から救い出し、わが子として育てるようになった。やがてコゼットは、花も恥じらうような乙女となり、彼は一緒に暮らすことを喜んでいました。だがコゼットは、一人の青年マリユスと恋に落ちて結婚し、彼の許を去ってしまいました。

やがて、年老いたジャン・バルジャンは、薄暗い裏町で身を横たえて、静かに死を待つばかりでした。しかしその心は、神を信じ人を愛した感謝で満ちておりました。

いよいよ最後の息を引き取ろうとした時、コゼットがマリユスを連れてベッドの傍らに現れました。

「お父さん、私、コゼットです。ごめんなさい、ごめんなさい」

「ああコゼットよ、よく来てくれた……人間いちばん幸福なことは、互いに愛することだ。どうか二人とも、深く愛し合うということだけは忘れないように。そうしたら人生は、ほんとうに幸福だよ。……私はもうはっきりと目が見えなくなった。ただ光が見える……」、そう言いながら永遠の眠りにつきました。

*

これがジャン・バルジャンの生涯です。

愛の面影を宿して

ジャン・バルジャンは初め、希代の極悪人と呼ばれていました。しかし、彼の胸の中にミリエル司教の愛の面影が、天の面影が宿るようになった時に、彼の心の底からもまた、新しい愛の泉が湧くようになりました。そして、多くの人々から慕われましたが、その生涯の最後には、愛して育てたただ一人の娘も去ってゆく。しかし、独り寂しく暮らしながらも、「ああ、コゼットは良い青年を得てよかった」と感謝しておりました。

いい学校に行って教養を積み、出世コースを歩いて位階勲等を得ても、人を人とも思わぬ所業をする人が、本当の人間なのか。それともジャン・バルジャンのように、最後は寂しく報いられずに一生を終えたけれども、なお神に感謝する人が本当の人間なのか。

彼は、悪しき衝動に動かされたら極悪非道も行ない、神の愛が心に宿ったならば聖者にもなりました。

ジャン・バルジャンは極悪人か、聖者か、いずれでしょう?

これは聖書が問うているところです。

どんな人でも、イエス・キリストが神と共にありたもうた、あの雰囲気というか、お姿が胸に焼きついて離れないようになりさえするならば、その人はキリストの真の弟子です。

これは過去のことではありません。現在のことです。

私たちに必要なことは今、神の御言葉の中にすっかり浸りきって、神と一つになって、もう神秘に絶え入るばかりに、「われもなく世もなく、ただ主のみ在せり」というような境地にあることです。

そのような人が、わたしの真の弟子である、とキリストは言われました。

どうでしょうか、多くの人々が神学の勉強をしたり、哲学の勉強をしたり、勉強によって偉くなろうとするときに、キリストのなさり方はだいぶん違いました。

「もしわたしの言葉の中に留まっているならば、わたしの真の弟子である」。

ジャン・バルジャンもそれを経験したのでしょう。死ぬまで祈り三昧、ただ神と語ることだけが嬉しくて、生涯を閉じました。これは、真の弟子の姿です。

（一九七三年十一月十八日　①）

▼本稿は、手島郁郎が召天の五週間前に語った講話の筆記で、日曜集会における最後のヨハネ伝講話の前半です。当時、体調がとても悪く、主治医から「講話は十五分以内で」と注意を受けていましたのに、一時間半にも及びました。

＊トーラー…ヘブライ語の「トーラー」は、「モーセ五書（旧約聖書）」を指すが、元々は「教え、

指図、方向を示すこと」などの意。

＊マルティン・ブーバー…一八七八〜一九六五年。二十世紀を代表するユダヤ人宗教哲学者。ヘブライ大学教授。ヘブライ語聖書をドイツ語に翻訳。一九六三年、手島郁郎はブーバーとエルサレムで対談。

＊ヴィクトル・ユゴー…一八〇二〜一八八五年。フランスの詩人、小説家、劇作家。国民的大詩人として、また一貫した共和主義者として、フランス文学史上不朽の足跡を残す。

第四四講

キリストの真の弟子とはⅡ

ヨハネ伝八章三一、三二節

イエス・キリストは、

「もしわたしの言葉のうちにとどまっておるなら、あなたがたは、ほんとうにわたしの弟子なのである。また真理を知るであろう。そして真理は、あなたがたに自由を得させるであろう」(八章三一、三二節)と言われました。

この「言葉のうちにとどまる」というのは、聖書に記されたキリストのお言葉や教えを、ただ覚えていれば弟子であるということではありません。

私たちに必要なのは、今、神の御言葉の中にすっかり浸りきって、神と一つになって、もう神秘に絶え入るような境地にあることです。そのような人は、ただキリストの弟子であるというだけではありません。「また真理を知るであろう。そして真理は、あなたがたに自由を得させるであろう」（八章三二節）と、ここで言われています。

それは、どういうことか。現在の日本語訳（やく）聖書の文字だけを読んでも、ここでキリストが言われる本当の意味はわかりません。

「アレーセイア　真（まこと）」の意味

この「真理」というのは、ギリシア語原文では「αληθεια（アレーセイア）」です。現在、多くの聖書では、この語を「真理」と訳していますが、「理」という字を付け加えているのは良くない訳です。これは「真（まこと）」という意味です。

本来この語は、「λανθανω（ランサノー）　隠（かく）されている」に「α（ア）　～でない」という打ち消しの意味が加わったものですから、「隠されていない」というのが原意です。「隠されていないもの、隠すことができない明々白々たる事実」をいうんですね。

聖書の中で、「アレーセイア　真」という語の意味は、第一に宗教的な「真」のことでして、根本的な実在、目には見えないけれども、隠れなく、厳（げん）として存在（そんざい）する「実在」のことをいっております。ですから「神は真である」というときに、神は宇宙の根本的な、根底的な実在である、という意味なんです。

第二に、「アレーセイア」には「ありありとした現実」という意味があります。ヨハネ伝四章では、「神は霊であるから、礼拝をする者も、霊と真とにおいて拝せよ」とイエスが言われています。

「霊と真とにおいて」という場合のアレーセイアというのは、ありありとした事実、生き生きとした現実のことで、英語では「reality（現実、事実、実在）」といったらいいでしょう。神は霊的な実在者であるから、拝する者も神様の前に出て、「ああ、神様！」と感嘆して、手に触れるくらいの感触、霊的現実をもって礼拝するのでなければ本物ではない、ということです。

真の礼拝というのは、天が開けて天使が梯子を上り下りするのをヤコブが見て、「まことに主がこの所におられるのに、わたしは知らなかった。これはなんという恐るべき所だろう。これは神の家である。これは天の門だ」（創世記二八章一六、一七節）と言って驚いたようなことです。本当の礼拝をする者は、そのようなありありとした、生き生きとした事実の感覚、現実の感覚を覚えるものです。

ですから、この「αληθεια 真」の発見は、論理的に確信したとかいうようなことでない。ほんとうに、ありありとした霊的な実在に触れる、現実に触れるということです。「霊と真とをもって拝せよ」というのは、そういう意味です。

第三に、このアレーセイアには「真理」といった意味もあります。それは、もう隠そうとしても隠れなき明白なことは、信ずることができますね。それで「真理」といってもいい場合があるわけです。しかし、ヨハネ伝のこの箇所は、「真理を知る」ではありません、「真を知る」です。

大学者トマス*・アクィナスの経験

宗教的な事実というものは、人間の言葉で言い換えましても、なかなか説明し尽くせません。人間の言葉は、地上で生活するための合図・符号ですから、天上の消息を語るには不十分です。ですから言葉の意味は、必ずしも事実、実体と一致しません。

そこでいろいろに議論が分かれ、何とか本当のことを説明しようとあっちからこっちから論理を進めて、人にわからせようとします。しかし、そのような人の言葉で表される真理というのは本物ではありません。

キリスト教の歴史上、最大の神学者といわれる中の一人に、スコラ哲学を大成しました聖トマス・アクィナスという人がおります。彼は十三世紀の大学者です。あまりに難しい本を緻密な論理で書いているので、この人の神学論は「煩瑣哲学」などといわれております。彼は長い間、神学者として、論理鋭く多くの本を書きました。

ところが、ある礼拝の時に、神の御前に出る不思議な経験に入った。そこで神ご自身から教えられたこと、また見たことを通して、すっかり彼は変わってしまいました。

そして、「これまで私が考えて書いたものは、神から直接に啓示された知識に比べると、まるでわら屑のように見える」と言って、その後はペンを折り、一切本を書きませんでした。その後のアクィナスは、天使的博士と賛えられるようになりました。

不思議に神と合一する状況に入って、その中で示された「真」というものは、地上の低い次元の頭でいろいろ考えたり、議論したり、本を読んで調べたりしたものとは違うんです。ところが宗教家たちは、そんなわら屑のようなものを一生懸命勉強する。これは大きな間違いです。トマス・アクィナスが経験したような境地、私たちもこのような経験がないと、群を抜いた人物にはなれません。

回心（コンバージョン）を通って開ける世界

二か月前、私が若い頃から学んでいた、無教会の塚本虎二先生がお亡くなりになりました。私は昔から、先生に特別にかわいがられました。その塚本先生に学んだ人で、以前、私が懇意にしていた関根正雄という、優れた旧約聖書学者で東京教育大学の教授がいます。この人が、自分の雑誌に「塚本先生への感謝」という一文を載せております。

＊

私は、殊に若い時にたびたび人生の諸段階で先生をお訪ねし、いろいろのご助言を戴いたことが多かった。しかし、私がいちばん深く先生の懐にとびこんで、先生のいちばん深い所に触れたのは回心の時であった。

（……塚本先生の集会に出ても他の人に心が開けず、愛のない自分の姿に苦しみ）数年間の罪との苦しい戦いの後で、昭和十四年一月、神の声を聞いて全く新たに生まれ変わった時、すぐに先生をお訪ねした。あまりに烈しい激動の中で、自分の経験したことが本当だったのか、と自分でも疑うような状態であったから、霊魂の医者としての先生に第一に聞いて戴きたかったのである。

お訪ねする道々、筋道を立てて事の経過をこうも言おう、ああも言おうと考えて行ったのであったが、書斎に通され、先生と相対して、私はただ一言「コンバージョンです」と言ったきり泣き出してしまった。そして、筋道も何もなくすべてを先生に告白した。先生も大変驚かれ、感動され、一緒に泣いてくださった。そして、「幸いなことだ。こういう所を一度通ったことのない人とは話ができなくてね」とおっしゃって、共に感謝の祈りをしてくださった。先生ご自身が明確な回心を経験しておられたからこそ、問題をいちばん本質的にとらえ、直ちに受け入れてくださったのであると思う。

（『預言と福音』一九七三年十一月号より抜粋）

＊

これも、トマス・アクィナスに似た一つの小さな経験です。普通のキリスト教の先生は、そのような回心の経験がありませんから、受け入れ方を知りません。その尊さを知りませんから、「オイ君、冷静になりたまえ。そのままだったら精神病院に行かなきゃならん。ノイローゼになるよ」と言うでしょう。

塚本先生は、何ゆえこの私をも愛してくださったのか。私も小さいコンバージョンの経験をもっていた人間だったからです。自分の頭でどんなに考えてもわからないけれども、理性が行き詰まった先に天が発見される。知識が破れた時に、そこをはみ出るようにして、もっと大きな世界に入るんです。これをコンバージョンといいます。回心といいます。コンバージョンということを通して、ほんとうに私たちはキリストの御言葉の中に生きることができます。これこそ、真を知る経験です。このような経験がなければ、ほんとうに聖書の言葉を読むことはできないんです。

＊不立文字、＊教外別伝

昔、お釈迦さんが霊鷲山で大法会を催された時のことです。

お釈迦さんの尊い説法を聞こうとして大勢の弟子たちが集まってきました。やがて現れた釈迦は、無言のまま一輪の花を手にして拈じました。ところが、それだけで終わってしまったので、皆は何のことかわからずにいると、一人、迦葉尊者だけがニッコリ笑って、そのお心をハッと受け取った。それで釈迦は、迦葉に法統を嗣がせることになったという、「世尊拈華」（『無門関』第六則）と題する有名な話があります。「不立文字、教外別伝」――お経や文字の他に、伝えるべき大事なものがある。これをハッと悟ることが、禅宗のいちばん大事な基調です。

同様に、聖書も文字の他に伝える奥義があるんです。「聖霊」と書いてあったって、その文字をどれだけ読んだって、聖霊には触れませんよ。「聖霊はすべての真理を教える」（ヨハネ伝一四章二六節）といいますが、それは決して文字から得られはしません。

『西遊記』という物語があります。

昔、支那から次々と遠く天竺（インド）に出かけていっては、お経を書き写して持ち帰った時代がありました。新しい高い宗教的真理を身につけて帰れば、たちまち高僧としてもてはやされ、篤く迎えられたものです。

その一人に*玄奘という僧がいました。彼が、孫悟空らに助けられて艱難辛苦を克服し、ついに天竺に到達する話は、子供の絵本にも書いてあります。

玄奘三蔵法師と孫悟空たちが釈迦を訪ねてゆくと、弟子の阿難と迦葉が出てきてお経の巻物をくれますが、それは文字の書いてない「無字の経」でした。それに気がついた孫悟空が怒る場面があります、「唐の国からはるばる天竺まで来たのに、無字の白紙を持ち帰って何になるか」と。

それに対してお釈迦さんは、「無字の経こそ、真の教えが書かれているのだ。だが支那は昔から文字の国、文字を尊ぶ国だから、そんなに欲しいのなら有字の経をあげよう」と弟子に命じて、五〇四八巻の経文を土産に持たせたということです。

しかし、文字を通して「真」に触れられると思ったら、とんでもない。本当の真は文字では書けない。書かれた文字をそのまま真だと思ったら、大きな勘違いです。

同様にクリスチャンでも、神学書や宗教書を読んで「おれもだいぶわかった、悟った」と自己満足して、知識で神を知ったと思っておるならば、それは何も知っていないんです。天上のことは、人間の言葉ではとても地上に翻訳できないからです。

ありありとした大きな実在は、触れる以外に、出会う以外に知りえません。体験として知る以外にないんです。

神秘な直接体験として知る

数学などでも、明らかな真理は説明しようがありません。「一足す一は二になるけれども、どうして二になるのか」などと言いだしたら、何も定義ができませんね。あまりに大きな真理は明々白々たる事実、真ですから説明がつきません。

それと同じように、神様というお方も説明できるものではありません。頭で考えて「真理がわかった」などという存在ではない。

いいですか、このヨハネ伝で言う「真」というものは、今の日本や西洋のクリスチャンが言っているのと、だいぶ違うんです。キリストは、「わたしは道である、真である、生命である」（ヨハネ伝一四章六節）と言われましたが、その「真」は「真理」などという理屈ではないんです。もう天地すべてが崩れてしまっても残るような真、事実です。

ありありと、ある人にはやって来て、ほんとうに不思議に生命を与えたもう主がおられる。こういう実在は、言葉では説明できません。説明したら、かえっておかしくなります。これは、一人ひとりの直接体験として、神秘な体験としてわかることです。

普通のクリスチャンは、何か説明を信じ、教訓や道徳を守っていたら弟子であると考えるが、イエス様が言われた意味は全然違います。私たちが家の中におれば、父や母の声が聞こえるように、子供の声が聞こえるように、キリストのお言葉がガンガン響くような中にあるならば、本当の弟子です。それを発見したら、ジャン・バルジャンでも本当の弟子になりました。私たちも、そうなろうではありませんか！　難しいことではないんだから。全く今までの信仰のしかたをやめるんです。

キリストにある自由

イエス様は、「また真を知るであろう。そして真は、あなたがたに自由を得させるであろう（自由にするだろう）」（八章三二節）と言われた。

この「真」とは何ですか。一口で言うならキリストですが、それは「天地は滅びるであろう。しかしわたしの言葉は滅びることがない」（マタイ伝二四章三五節）と言われた、永遠の生命ともいうべきキリストです。このキリストに捕らえられましたら、実に自由な状況になります。

「自由にする」というギリシア語「ελευθεροω」は、「（束縛されていたものを）解放する」という意味です。私たちはキリストに抱かれますと、ほんとうに解放感を覚えます。自由自在な気持ちになります。今まで、「私は、私の、私に……」などと小さな自分にとらわれていた者にも、何ものにも縛られずに天下を闊歩する気持ちが湧いてきます。人が何と言おうと、キリストが導かれるままに、思い切って歩きはじめることができるようになる。

これが本当の自由です。神にある自由です。

神様は、私たちを奴隷にするために、束縛するために、キリストを遣わされたのではありません。大きな天地の真、この真なるキリストに捕らえられると、時間と空間に縛られた小さなこの世から脱して、天という大きな神の世界に解放されるんです。鳥が籠から放たれるように、大きな解放感、とらわれなき心をもつに至ります。

信仰は火である

信仰は、このような大きな解放感があるところに、大きな喜びを伴います。

私たちにとって、神に捕らえられる時の自由というものは、大きな喜び、大きな燃え上がる炎のような心、白熱したburning fire（燃え上がる火）が沸き起こる経験です。

イエス・キリストは、「火を地上に投ずるために、わたしは来た！　火がすでに燃え上がっていたら、何を欲しよう。だが、わたしには受けねばならぬバプテスマがある。それが成し遂げられるまで、わたしはどんなに思い迫られることだろうか！」（ルカ伝一二章四九、五〇節　私訳）と弟子たちに言われた。このように、天上の火が人々の胸に赤々と燃え上がってゆくことこそ、キリストの悲願でした。

二年前、皆さんとイスラエル巡礼に行く途中、ニューヨークに立ち寄りました。その時に、先年亡くなられたユダヤ教の宗教哲学者＊アブラハム・ヘシェル博士が「祈り」について講演してくださいました。私は非常な感動を覚えました。

ヘシェル先生は日本からやって来た私たちを迎えられ、

「幕屋のグループは、ヒトラハブート（神にある灼熱の歓喜）をもっています。白熱したものをもっていなかったら、イスラエルに行って、あのような愛の行動はしない」と言われました。心が冷たくなっているときは、人の顔を恐れて何もできません。心が燃え上がっているから、何でも自由にできるんです。聖書の宗教にとって最も大切なものは、この燃え上がるような魂の喜びです。

ヘシェル先生はその著書においても言われています、「現代の宗教は火を失っている。信仰は火である。まず、この火を回復しなければ、聖書の宗教ではありえない」と。これはキリスト教とて同様です。

ヘシェル先生はまた、「イスラエル民族の父祖アブラハムの偉大さは、『ひとり子イサクを献げよ』と神に言われて息子を献げる準備をしたことにあるのではなく、その心の火が燃えつづけていたことにあった。我を忘れるように心が燃えていたなら、誰でも神の命令どおりにするだろう。しかしアブラハムは、神が命じてから三日経った後でさえも（モリヤの山にたどり着くまで）、十分考慮する時があったにもかかわらず、その魂の光耀は消えることがなかったのだ」という意味のことを言っておられます。

もう理非曲直、何が善で何が悪かではない。神に捕らえられて心燃やされているから、神様が「こうせよ」と言われれば、わが子を献げるようなことでも、「はい」と言って従ったんです。このような燃え上がった魂がアブラハムであった。このアブラハムに始まった信仰を受け嗣いでおるのが、私たちです！

ですからヘシェル先生は、私たち巡礼団の者たち百名に、しかも、皆ほとんど英語がわからないのにもかかわらず、何かを訴えようとして語ってくださったんです。先生は心臓病のために肉体はひどくお弱りでしたが、全身の力を振り絞り、火のように燃えて語られた。息をはずませ、両手を振り上げ、烈々たる熱情に炎の人となられました。それは、大哲学者アブラハム・ヘシェルではなく、古の預言者イザヤの声を現代に聴く思いでした。あの時のバーニング・ファイアというものを、私は忘れることができません。ヘシェル先生こそ、この世で私が見た最高の預言者の風格を保つ人物でした。

心に炎を宿す人々

この燃えるような魂の白熱状態が何かをさせるんです！　普通の人ができないことをさせるんです。どうか、大事なことは心燃えて生きることです。

（シャンソンの『巴里の屋根の下』を感情いっぱいに歌いだす）

なつかしの思い出に　さしぐむ涙

なつかしの思い出に　あふるる涙
マロニエ　花は咲けど　恋しの君いづこ
巴里の屋根の下に住みて　楽しかりし昔
燃ゆる瞳　愛の言葉　やさしかりし君よ
鐘は鳴る　鐘は鳴る（一同、共に合唱）
マロニエの並木道
巴里の空は青く晴れて
遠き夢をゆする

ここに「燃ゆる瞳」とあるけれども、信仰にとって大事なことは、このような燃ゆる心をもつことです。私は大正末期から昭和初期にかけて若い時を過ごし、幾人もの燃ゆる魂の先生たちにお会いしたことでした。

日本の救世軍の創始者である*山室軍平先生は、優しい静かなお方でした。握手をしますと、温かい感触が移ってきます。しかし、その胸には静かな炎が燃えていました。先生がひとたび壇上に立たれるときに、熱涙を流しながらキリストの福音を説かれました。
若い頃の*賀川豊彦先生も炎の人でした。まだ四十歳でしたが大人の風格があり、粗末な労働服をお召しになってみすぼらしいお姿でも、火だるまのような魂でした。壇上に立って語る時には、烈火のごとくに福音を説かれた。それに私は打たれた。私は学生の頃から、賀川先生の雑誌『雲の柱』の読者でしたが、先生はある講演会の時に、私のような者をも覚えて、「ああ、君ですか」と言って握手してくださった。その手の温かみは、一週間消えませんでした。

内村鑑三先生から独立し、その一派からいじめられて苦しんでおられた頃の*塚本虎二先生は素晴らしかったです。先生の胸には、ほんとうにキリストの炎が燃えていました。先生が語る時、その声は神さびて厳かに、聴く者すべての心を魅了し尽くす、熱狂させずにはおきませんでした。

また、旧約聖書学者の*浅野順一先生の美竹教会が、十人くらいしか集まらない小さな伝道所だった時、私は一か月ほどお世話になったことがあります。浅野先生は、「手島君、祈ろう」と言って、日本のために祈られた。泣きながら、「日本を救いたまえ！」と祈られた時の先生を忘れません。あの日のことが、今も私の心に甦ってきます。

もう一人、*佐藤定吉という工学博士の先生がいました。その先生が「イエスの僕会」といって、全国を回って学生たちに伝道しておられたが、実に熱烈たる人格でした。人は有名になり大成されると、その胸にかつて燃えていた火もいつしか消えてしまいやすいものですが、晩年に至ってもなお魂の火が消えず、愛と熱涙をもって福音を証ししつづけた人に、*本間俊平先生がありました。無学な先生は、とつとつとして語られますが、若人の心に火を燃やさずにはおかぬものがあり、私たちの肺腑を突くものがありました。

私は、このように多くの熱烈に魂燃え上がった先人たちを知っています。

その熱烈な人格的影響が、若き日の私の魂をどんなに激しく揺さぶり、心ときめかせたか！　神に火花された魂は、多くの魂に衝撃を与え、不滅の火を点ぜずにはおきません。

これが人を感動させます。これが人を変えます！　私のような冷たい男をも変えたんです！　どこから込み上げてくるか、潜在意識の奥底から沸き立ってくるものがあります。

キリストは、これを与えるために、私たちを今日ここにお集めになって、そうしてお訴えです。どうぞ、なくてはならぬものを受け取ろうではありませんか！

燃えることこそ人生の極意

心燃やされて生きはじめますと、思い切って人生の舞台で、神の燔祭となって殺されたっていい、というような感情が湧いてきます。ムクムクと大きな力が込み上げてきます。このことは、仕事にも、勉強にも、また家庭生活にも、人間関係についても大きな力を振るいます。信仰には、そのように燃やし尽くさずにはおかないものがあるんです。

「そういう人はいいけれど、自分のような者は燃えるだろうか」などと言うなかれ。

火は燃えはじめましたら、上等の良い木ばかりを燃やすんじゃないんです。どんな生木をも燃やします。私のような心の冷たかった男も、熱い炎の人間に変わりました。

キリストの火は私を燃やしてくださった！

どうか皆さんを燃やしてほしい！

燃えようじゃありませんか！　自分の身を考えずに！

神様！　あなたが昔、アブラハムを燃やしたように、また「モーセよ、モーセよ」と言って、ホレブの山で燃ゆる火の中に呼びたもうたように、どうぞ神の火が私たちを焦がしますように。神の火がモーセを焦がしはじめたら、ついに彼はイスラエル民族をエジプトから救い出すという、どえらいことをいたしました。

自分には教養が足りない、知識が足りない、知恵が足りない、などと言う。足りないんじゃないんです。燃えることがないからです。才能が乏しいと嘆く前に、神の祭壇に飛び込んで、自身を神の燔祭として献げましょう。燃えようじゃないか、若い諸君！　それが人生の最高の極意です！

私はもう死のうと思っているから、ハッキリ申し上げる。どうか、この燃える火を仕込んでください！

賛美歌を歌います。

あな嬉しわが身も　主のものとなりにけり
浮世だにさながら　天つ世の心地す
歌わでやあるべき　救われし身の幸
たたえでやあるべき　み救いの畏さ

この歌にありますように、「主のもの」となりましたら、ほんとうにただ主のみ在せり、ただキリストだけがいて教えてくださる。不思議な生けるキリスト、永遠のキリスト、霊なるキリストが訪れたもう経験をもたれるでしょう。

どうぞ、この神と共にお生きください！

（一九七三年十一月十八日　②）

▼本稿は、手島郁郎の生涯最後のヨハネ伝講話・後半の筆記です。

＊トマス・アクィナス…一二二五(?)～一二七四年。イタリアのドミニコ会修道士、神学者、哲学者。

＊不立文字…真理は生命的、体験的なもので、文字に表現することができない、の意。

＊教外別伝…宗教の神髄は、言葉や文字によらず、体験と実践を通してのみ伝えうる、の意。

＊玄奘…六〇二～六六四年。中国・唐代の僧。六二九年、長安を出発してインドに行く。六四五年に帰国後、多数の仏典を翻訳。「三蔵法師」とは、経・律・論の三蔵に精通した僧のことで、玄奘の俗称。

＊アブラハム・ヘシェル…一九〇七～一九七二年。二十世紀を代表するユダヤ教思想家。ニューヨークのユダヤ教神学院教授。神にはパトス（熱情）があり、人間を探し求めておられることを説く。最晩年に手島郁郎と出会い、互いに深く共鳴。日本の幕屋を訪問する直前に逝去。

＊山室軍平…一八七二～一九四〇年。日本の代表的大衆伝道者の一人。キリスト教社会事業に貢献。

＊賀川豊彦…第四〇講の注を参照（一六七頁）。

＊塚本虎二…第三五講の注を参照（五二頁）。

＊浅野順一…一八九九～一九八一年。牧師、神学者。

＊佐藤定吉…一八八七～一九六〇年。東北大学教授。「全東洋を基督へ」の召命を受ける。教職を辞し、「イエスの僕会」運動を全国に展開。高校生・大学生の間にリバイバルが起きる。

＊本間俊平…一八七三～一九四八年。社会事業家、伝道者。小学校中退後、大工の徒弟となる。後に山口県秋吉台で大理石採掘所を経営し、非行少年や出獄人の感化教育に当たった。「秋吉台の聖者」と呼ばれた。

本書に収録されたヨハネ伝講話と同時期に、原始福音運動の担い手たる人々が浜松市郊外の奥山半僧坊に集い、牧者ゼミナールが開かれました。そこで語られた、「キリストの弟子として、また群れの牧者として、どのように生きるか」についての講話から、三篇を特別講話としてここに掲載します。

特別講Ⅰ

サタンの術策

最後に言う。主にあって、その偉大な力によって強くせられよ。悪魔の謀略に向かって立ちうるために、神の武器を帯びよ。なぜなら、わたしたちの戦いは血肉（人間）に対する抵抗ではなく、もろもろの支配と権威と、この世の暗黒の主権者、すなわち天上にある悪の霊に向かう戦いである。それだから、悪しき日にあたってよく抵抗できるように、すべてを成し遂げて堅く立ちうるために、神の全武具を身につけよ。

（エペソ書六章一〇～一三節　私訳）

私たちはこの地上の生活において、しばしば非常な不安に脅かされ、恐怖におののくことがあります。多くの人は、その原因が自分自身にあるとか、環境にあると考えますが、根本的にはもっと奥深いところに原因があります。

この宇宙には根本悪というか、根源的な魔力が存在していて、鬼魔的な力が動きだすと世の中が混乱します。エペソ書でパウロは「悪しき日」と言っているが、戦前に比べて、戦後ほど「悪しき日」はありません。凶悪な犯罪、残忍な暴力がゆえなくして行なわれ、エロ、グロ、テロの横行する時世――これほど恐ろしい悪しき日はありません。

これは一体どこから来るのか?

私たちの小さい幕屋でも、何か良いことをしようとすると、必ず妨害がある。こんなに良いことだのに、と思うが、真理の叫びの上がるところ、必ず悪の抵抗があり、不可解な攪乱行為があって善良な者を戸惑わせます。

これは大宇宙そのものが二元的対立だからで、光と闇、善と悪とに分かれて、あらゆる面で抗争しているからです。手に負えぬような悪の時代が現代ですが、しかし、動あれば反動あり、世が乱れると、神はこれを何とか防ごうとして、天上界で人を用意なさいます。使徒パウロのような人はめったにいないが、それに次ぐ「神の人」と呼ばれるような人たちが選ばれて、次々と悪い時代にも出てきて、悪の勢力に対抗します。

天使との会話

先日のこと、まどろんでいると、天使が親しく私に語りかけ、いろいろなことを教えてくれました。天上からの指導はなんと素晴らしいのだろうか！　ああ、嬉しいなあ、と思いつつ語らっていました。私と天使との会話というのは、この魔軍が跳梁する時代にあって、どうやって幕屋を確立してゆくか、という方針についてでした。

「今のように、幕屋を自由に野放しにしていてはいけない」と天使が私に忠告しました。

「なるほどなあ、この時代の悪を知っていながら、いいかげんにしていたら駄目なんですね。こんなに悪の魔力が私たちを取り巻いているとは……」。

悪魔の跳梁ぶりを示されて、驚きました。

今のように悪が猛威を振るうような状況に巻き込まれたら、心の弱い者たちはすぐ自滅してしまいます。いいかげんな人間、好奇心だけで幕屋に来るような人たちは、すぐに散ってしまいます。また、自分の地位、名誉、利益が後生大事な人は、命がけの伝道には役に立ちません。

熱くもない、冷たくもない、どっちつかずの信仰、いつまでもつぶやきばかり続くような信者は、戦いの邪魔になる。……こう言って、天使が「幕屋の再編成」ということについて、私にいろいろ教え、語ってくれるんです。

怨霊の群生時代

パウロは言いました、

「私たちは地上の血肉（人間）と戦わない。もっと天にある、大いなる悪霊的なものと戦え」と。霊にも良き霊と、悪しき霊があります。この霊をわきまえる感覚を養って、新しい作戦を立てて、サタンの暗躍に立ち向かわなければ、とても勝ち目はありません。

ものすごい悪霊の力が、霊界から働きかけている。

そして、地上はすっかり混乱している。それはどうしてか?

天上の世界から見るならば、大きな戦争の後には必ず世が乱れ、「時代悪」を示してくるものです。内村鑑三先生や賀川豊彦先生も、戦争のたびに警告していますが、勝っても敗けても、戦争の結果はひどく道徳的に乱れます。それは、どこから来るのかというと、原因は霊界にあります。

人間というのは、自然に年老いて、よわいを全うして眠るがごとくに死ぬのが良いんですが、戦地では死ぬ心用意ができていない青年男子が、無理やりに召集されて死んでゆきます。明治時代のように、国のために喜んで一命を捧げ、小さな日本列島を死守しようとする精神が次第に失せてきたので、先の大戦ではみんな死にたくなかった。また、戦争には残虐行為がつきもので、町や村は略奪、放火、襲撃を受け、人々は父母を失い、夫を奪われ、子と別れわかれになる。女は辱められ殺されてゆく。何とも悲惨極まりないのが戦争というものです。

広島の原爆で何万という人が死んだというが、東京の空襲ではそれ以上の人が死んでいます。誰もが死にたくないのに、死んだ。それで数知れぬ怨霊の群れが一時に発生して、幽界が混乱してしまうんです。

人間誰しも死にたくない——それは霊魂が肉体から離れたくないからですが、これを無理やりに引き離すと、恐ろしい結果を引き起こします。死に切れぬ霊魂が怨み、憎しみ、復讐心などを霊界にそのまま持ち込むので、霊界の混乱が地上に影響し、社会混乱に陥るんです。

昭和七年（一九三二年）頃、上海事変が起こった時でした。天草の海岸で友人と祈っていると、支那大陸の方からウワーッと真っ黒い叢雲が押し寄せてくる。突然、黒雲の中から火のような雲が現れてきた。何だろうなと思っていると、アッ、たくさんの支那人の亡霊が呪いの黒雲となって襲ってくる！　そんな恐ろしい幻を見たことがあります。

それは、日本軍の残虐行為で殺された支那人の怨霊の群れで、「いやあ、こんなに日本が怨まれだしたら、どんなに軍備で日本列島を武装したところで、この魔力にはかなわぬぞ」と戦争の前途を悲観したものでしたが、果たしてそのとおりでした。

キリスト族の決起

戦争で死に切れずに死んだ霊魂は、地上で果たそうとして果たせなかった欲望があるので、霊界で暴れます。肉体は消えても、心はそのままあの世に持ち込まれ、霊魂は地上の欲望を帯びて悶えます。それが人の懐に入って、人の身体を借りてほしいままに暴れ回る。

すると、地上の人間なんか、手玉に取るように動かされてしまう。

だから自分でセックスを抑えようとしても抑えきれぬ人がある。色魔につかれているからです。性欲だけではない、暴力、物欲、権力欲、金銭欲……と訳のわからぬ欲望に、現代人が虜になり、振り回されています。そしてサタンは、ほくそ笑んでいる。こんな悪の霊の暗躍が、今日の「悪しき日」の原因です。これは倫理の問題でない、倫理以上の霊界の問題です。

しかし、天上のキリストの側でも必死です。

何とか時代を立て直して、神の国に近づけようとする天使たちの努力は、並々ならぬものがあります。また、どこかに天使の手先となって、一緒に神の国を回復するために働こうとする魂はいないかと、一生懸命に探している。これが現代の霊界の状況です。

天使は霊ですから、霊感を効かして地上の経綸を担当しようとする人間がいなければ、神の御旨を地上に実現させることはできません。私たち二百数十名が、この奥山半僧坊に集って、神の牧者たらんと御前に決起するとき、天上ではどんな大きな期待があることでしょうか。

神の戦士の資格

しかし、そのためには資格が要ります。身体の弱い者は兵隊になれません。訓練ができていないと、矢面には立てません。同様に、資格のない者にどれだけ原始福音を教えても無駄だからです。霊戦に役立つ魂を集めて、福音の奥義を集中的に伝えたい――そこに私がレイパスター（平信徒牧者）を教育し、牧者を育てようとするゆえんがあります。

この悪の時代を認識して立ち向かう、真と義の壮烈な戦士（warrior）である覚悟をもつ者でなければなりません。

そんなことを言っても、弱い自分はとてもその域に達しない、と思うかもしれません。だが神は全能です。人間力には限界があり、とてもサタンの術策に立ち向かえるものでない。しかし、神が力を恵みたまいます。悪魔の霊に対して、「抵抗するぞ！」という気迫のある者に、神の力は来ます。神は無目的に力を与えません。戦う気のない者には、神も力を与えません。

私自身の小さな体験から見ても、精いっぱい主の御思いを実現しようとお従いした時に、神様は私を通して不思議なことをなされた。幾度もサタンは私を懲らしめようと、さまざまな謀略を用いるが、そのつど神は私を守りたまいました。

このことを思うと、伝道は誰にでもできる。問題はキリストにほんとうに服従し、聖霊の指導に従順に生きるかどうか、だけです。

イエス・キリストは、昨日も今日も、永遠に変わりたまわない存在です。

キリストの力は、その御救いの愛は、今も二千年前と少しも変わりません。変わったのは人間の信仰です。

神の武具を身に帯びて、悪しき力に対抗してゆこうとする気構えがないから、何も不思議な奇跡が起きないのです。ここで私たちは、もう一度、自分の信仰を立て直し、傷める葦を折ることなく、煙れる燈心を消すことなく、主に喜ばれる幕屋作りに前進してゆかねばならないと思います。

向上の一路

私たちにとって大切な心構えは、妨害にくじけず、どこどこまでもやり抜く使命感をもつことです。次の世界で最も尊い資質は、向上一路、どんな試練にも耐えて、前進し、悪の力と戦ってやまぬ闘魂です。

汚れを知らぬ純な魂、罪なき無垢の幼な子たちは、死んだらそのままスーッと天国に行ける資格があるでしょう。確かに汚れなき世界に生きたほうが良いです。しかし、天国に入る、入らないではなくて、戦うということになると、これは別問題です。

百戦錬磨の人間、多くの試練に遭わされ、人生の苦渋を味わわされ、「もう神なんかいない」と言いたくなるような立場に立たされて、しかし「神はやはり生きておられた！」と発見した信仰者——これが神の求める戦士です。

暴風に抵抗したことのない者が虚弱なように、温室育ちはひ弱で聖戦には役立ちません。

天上の高い所に上る霊魂は、ドロ沼の中でも悪戦苦闘して前進する魂です。

何が善か悪か、本当か嘘か、は机上の倫理学で学ぶのと違います。内村鑑三先生は、「最高の神学校は人生の苦難である」と言われた。実際の人生の舞台に即応しながら学ぶことによって、真偽をわきまえる力が備わりゆくのです。

浄練された魂に

神様は、まず人の魂を成長させるために、必ずいろいろな難問を与え、試練を通して浄化なさる。生まれたばかりの無垢の魂は良いが、罪なき者は試練を受けていないので、どんなにでも染まります。早死にした者は罪に染まらず幸福だが、足りぬものがある。それは「戦い」です。彼らにはまた天上における試練があって、その後に向上してゆきます。哲人セネカではないが、「友よ！　生きることは戦うことである」。

戦うことに意義があります。浄練された魂となるために！

だから伝道戦線に加えても、先頭を切って戦う気のない者はついに落伍します。自分中心、自分だけが可愛い者は戦いません。いちばん大事なことは、人生の患難、試練に耐えに耐えて、神を信じ、人を愛し、友を真の道に導きつつも、自らは倒れてもよい、傷ついてもよい、どこまでも向上一路、より高い霊の世界に進もうとする闘魂(fighting spirit)であります。悪しき霊力と正面切って戦おうとする勇者がいなければ、キリストは新しい時代をお開きになれない。血汐したたる十字架の主を仰げよ！

愛と真、勇気と闘魂――これがいちばん大事な資格であります。

この資格を備えた人に、神もまた真理を啓示し、力を付与されます。

どうか、今までの惰性を振り切って、古い自分から脱却してください。今までの習慣、習性で同じことをいつまでも繰り返さず、ここでピシッと一線を画して立ち上がらねばなりません。

神の幕屋の防衛態勢

今の日本を見ると、時代はますます悪に傾斜して、風俗人心の乱れは目も当てられぬありさまです。宗教といっても、何ら天の香りをかぐことのできぬ、偽物ばかりが横行する時です。それだけに神様は、物質万能主義に抵抗して戦う魂を、探し求めておられる。ただの善人では役に立たぬ。

「少数でも団結して、原始福音の一団だけは『悪しき日』に負けぬよう防衛態勢を敷かねばならぬ」と天使が私に教えます。幻の中で天使と私は「ああしようか、こうしようか」と言って、暗黒の勢力に抵抗する砦の築き方を相談し合う霊夢で、今朝も目覚めました。

悪魔の勢力は巧妙です。ともすると、戦っているつもりでも、いつの間にかサタンに足をすくわれ、尻もちついている場面が多いのです。だから福音伝道の作戦においても、今までとは全然違った新しい機軸を打ち立てて、蛇のごとく聡く、鳩のごとく柔和に戦ってゆかなければならない。

大敵は外にあるよりも、内にあり。教会の内部で言い争い、分派して議論や討論に負けじとやり合って、互いに力を削り合っているのを見て、ほくそ笑むのがサタンです。

福音は討論でなく、火です。人心を焼き切る火の霊です。

われら牧者が集まって、互いに切磋琢磨し合うことが、明日の日本のために一大勢力となるのです。

友よ、総力を合わせて、主の聖戦のために立ち上がろうではないか！

（一九七三年十月二十四日）

▼本稿は、手島郁郎が生前に目を通し加筆校正した、最後の『生命の光』（二八〇号）に掲載されたものです。

特別講Ⅱ

牧者への遺訓Ⅰ

明治時代、日本にキリスト教が入ってきました時に、その信仰は燎原の火のごとく全国に広がってゆきました。ある者は好奇心をもって、ある者は救いを求めて、またある者は「耶蘇(キリスト教)退治」の気持ちで集まってきたものです。

当時のキリスト教は、在来の日本の宗教との違いに違和感や恐れを抱かれながらも、大正年間ぐらいまでは、クリスチャンは非常に尊敬されたものでした。しかし今は違います。どうしてでしょう。

明治初期にキリストの福音を伝えたのは、植村正久さんや京都の同志社出身の人たちなど、士族の子弟でした。植村家でも江戸の旗本でした。しかし徳川氏の滅亡と共に落ちぶれた。そのような、「薩長にあらずんば人にあらず」と蔑まれた多くの人たちが、みな道を求めたのです。

この人たちは武士道精神をわきまえていましたから、毅然として伝道しました。「武士は食わねど高楊枝」で、今の牧師や宣教師のように、人様からお金を貰って伝道しませんでした。武士道という日本の旧約精神に接がれたクリスチャンたちだった。しかも、彼らには愛がありましたから、非常な尊敬を受けました。

彼らは、神は目には見えない存在である、一つの神である、ということを説きましたけれども、他宗を攻撃しなかった。その伝道は、キリストの福音を伝え、虐げられ苦しんでいる人たちが魂の喜びを得るということを主にしました。

しかし、今のキリスト教はどうですか。「反靖国、反戦平和」と言って、牧師が先頭に立って反対運動をするに至っては、世間のひんしゅくを買いますよ。「クリスチャンはくだらぬ人種だ」と言われて、私たちまで巻き添えを食います。

私はここで皆さんと共に、尊敬されるキリスト教を確立したいんです！　だから、私は他宗の悪口なんか言いません。ただキリスト教に対しては、これで良いのかと思えばこそ、言うべきことは言ってきました。しかし、教会を荒らしたりはしません。援助でもするなら良いけれども、荒らすなんてもってのほかです。幕屋に惹き付けられて来る者を拒むことはあるけれども、去る者を追いません。

伝道は何を目標にするのか。

世の中はずいぶん変わってきています。しかしいちばん大事なことは、生けるキリストを伝えることです。それには、生ける生命の水をもっている人でないと伝わらない。しかも私たちは、人間と、血肉と戦うのではない、悪の霊と戦うことが大事です。

毅然として伝道を

だが一般的に、今のクリスチャンは非常に姑息です。これに対して私たちは大胆であろう。自分の所信を表明するについては、嫌われてもよい。今、日本にそういう人がいないんです。上手に、あっちにもこっちにも気に入られる文章を書く人はあります。しかし切り込んで戦う者は、無教会陣営にも今はいません。昔の内村鑑三先生時代の気風がないですね。

明治時代、大正年間ぐらいまでのキリスト教は、とにかく信者同士、愛がありました。教派が違っておっても、「あなたはクリスチャンですか。私もクリスチャンです。それならお交わりしましょう」と言い合ったものです。それは、お互い迫害されながら信仰したからです。血を流した経験があるから、その痛みがお互いに通じるんですね。

私たち幕屋の者がなぜ愛があるかというと、キリスト教会から嫌われるからです。だから迫害されることは、内部的に愛の一致が増してきますから良いことです。もっと迫害されるべきですね。迫害がないというところはおかしい。それに対して毅然として立ち向かうべきです。

明治時代の優れた伝道者たちは、貧苦に耐えながらも毅然として伝道しました。しかし今の人は、「まず財政的確立をしないと、伝道がやれない」と言う。家族を養うには、それも必要な場合があります。けれども、この世のマモン、金の力で伝道などできるものではありません。終戦後、外国の各ミッションが何十億、何百億、それ以上の金をつぎ込んで、ミッション・スクールや病院などを建てていますが、誰も信者にならない。

宗教的なものを求めている人は、皆、本質的なものを求めている。だから本質的なもので戦い、本質的なものを与えることをしなければ駄目なんです。

明治時代、三千万人ぐらいの日本の人口の中に、百分の一の三十万人くらいのクリスチャンができました。その三十万の者が「我々は少数者だ」といって愛し合った。今は一億の人口の中に五、六十万人はいるでしょうが、愛し合いません。

今は迫害がないですから、逆に「反靖国！」といって他を迫害しに行くんです。靖国神社は国の機関として戦没者の英霊を祀ってきたんですから、悪いことをしているわけではありません。私はいつか日曜日、東京集会の人たち五、六百人で、あの靖国神社の拝殿の周りを取り巻いて、賛美歌を高らかに歌おうと思う。クリスチャンにも戦死した人たちがいたんですからね。権宮司にその話をしたら、「それをやってもらうと良い」と言うんです。靖国神社の参拝者は、年に一千万人ぐらいありますから、あそこを敵に回して「反靖国」などと言って、何になるか。

今のキリスト教は、人を救うということを全然しない。間違っているなあと思います。

人間が現人神ではない、偶像は神でないということは、今は中学生にでもなれば知っています。「神」と言っても、今の人たちは霊的な神がわからないんです。理性で、神学で

捉えた神様ばかりを信じて、「我は在りて在る者である」と、見えない霊界からワーッと出てくるような実在の神に、みんな触れないんです。

これを伝えることが大事なんです。これが原始福音の特徴です。特徴というより、聖書に書いてあるままです。しかし、私たちは時々集まって反省会をしないと、そのような伝道のポイントがボヤけてくるんです。

霊的な実在者に触れしめるには

サタンは昔も今も同じです。しかしサタンの軍勢の攻め方が変わってきている。エロ、グロ、テロで攻めたててくる。社会全体がそのような傾向になってゆく時に、私たちはどうしたらよいのか。

霊的な実在者に、少しでも人々を触れしめることをしなければなりません。

宗教は、神と霊魂との関係です。これを緊密にし、キリストとぴったり一つになるには、お互い工夫のいるところですね。

私たちは幕屋において、少数でも多数でも、指導者として人々を導こう、皆さんを神と結合させるためにお働きしたい、と思う。このことを、神様がどんなにお喜びであろうか。他の人ができないことを、私たちが選ばれてやるのですが、それには私たちがただの霊魂であってはいけません。

人を神と密着させるために必要な霊魂は、どうあるべきか。

それには、自分の内に永遠の生命が盛られて、輝き出していなければならない。

イエス・キリストは次のように言われました。

「わたしに信ずる者は、その腹の中から生命の水、聖霊が川のごとくに流れ出るであろう」。

（ヨハネ伝七章三八節　私訳）

このような、みずみずしい霊的人格を完成しよう、といつも努力しなくてはなりません。

それには、毎日毎日、静かに神と交わる時が必要です。朝でもいい、夜でもいい、とっぷりと神と自分が一つにならなければ、神の生命は自分に満ちてこないからです。

私たちは、ただその場その場で、生命の水を流す管であってはいけない。

二十年ほど前、私がある集会に参りますと、皆さんが毎回、「どうか熊本から遣わされました先生を通りよき管となして、われわれに恵みを垂れたもうよう祈ります」と祈られるんです。私が通りにくい管ですからね（笑）。「どっちがだい？」と言いたかったですが、「しかたがない、これが伝道ならば」とあきらめました（笑）。

しかし、通りよい管になりましても、大事な生命の水が貯水槽から流れてこなければ、何にもなりません。もっと大事なのは泉です。泉の力が強ければ、通りにくい管も押し破って、洪水のごとく流れてこようじゃないですか。私は、その場その場で生命を流すようなことが伝道だろうか、と思うんです。

大事なことは、深く祈る人であるべきです。

祈りなくしては、神に結びつけません。内なる生命が胸に溢れ、心に溢れ、魂に充満（プレローマ）しているような状況を、毎朝、あるいは毎晩でもよい、作ることです。そうでないと、人に霊的感化を及ぼすことは、なかなかできません。これは教育の問題ではない、霊的な問題です。祈りを怠りがちになると、魂がカサカサにすり切れて潤いを欠いでしまいます。そして内なる眼が曇ってきますから、表面つらしか見えない。

しかし内なる生命が満ちてくると、私たちはキリストのカリスマ的な賜物、恵みに浴して、日々、不思議な自分に変えられてゆくことを覚えます。毎日の忙しさに紛れて、これを欠いでは絶対に牧者でありえません。生命の源泉たる神との接触点を失わぬ魂はみずみずしいです。

ただ一つのもの

先日の婦人部会で、私はルカ伝一〇章の「マルタとマリヤ」の話をいたしました。エルサレム近郊にベタニヤという村がありますが、そこに住んでいたマルタとマリヤの家にイエス様が来られた時のことです。妹のマリヤはイエス様の足許に座って話を聴いていましたが、姉のマルタは接待のことで忙しく、心を取り乱していました。この「接待」というのは、原文では「多くの奉仕」という意味です。

マルタは自分の宗教上の先生が来ると思うと、嬉しくてたまらなかったのでしょう。また先生が十字架にかかって死ぬかと思ったら、この世の別れを惜しんで何でもしたいと思った。イエス・キリストが十字架にかかられた時、着ておられた立派な縫い目なしの衣を、ローマ兵たちがクジで分けたと書いてありますが、そのような高価な衣はマルタが捧げたのだろうと思います。マルタがいかに先生思いで、愛情があったかがわかりますね。ところが妹のマリヤは、イエス様のそばに静かにはべっていた。それで姉のマルタは、イエス様のところにやって来て言いました、

「主よ、妹が私一人だけに接待をさせているのを、何ともお思いになりませんか。手伝いをするように妹におっしゃってください」と。するとイエス様は、

「マルタよ、マルタよ、あなたは多くのことに心を配って思いわずらっている。しかし、無くてならぬものは多くはない。いや、一つだけである。マリヤはその良い方を選んだのだ。そしてそれは、彼女から取り去ってはならないものである」（ルカ伝一〇章四一、四二節）と答えられました。イエス様をお慰めするのに、たくさんの接待、奉仕をすることも良いでしょう。しかしイエス様は、もう命がけで伝道していた。命がけで伝道している者

にとって、真剣に聴いてくれる人がいると嬉しいですよ。なまじっか批判的にニヤニヤして聞かれたら、たまりません。

マルタの場合は、批判的だったわけじゃありません。彼女は、イエス先生をほんとうに思っていたんですからね。しかしイエス様は、ご自分が命をかけてでも伝えようとする、この福音、この生命、ただ一つのものを与えようとしているのに、どうしてマルタは……と思うと、マルタが情けなく見えるんです。「マルタよ、マルタよ」と二度言うのは、親愛の情を込めて、マルタが間違っていることを嘆かれるんですね。

多くのことに気が散れば散るほど、ただ一つのものが薄らいでくる。

絶対必要なものはただ一つ、これを失ったら一切が無になる一つというものがある。

その一つとは、千のうちの一、万のうちの一じゃない。千をも万をも超える一です。そういう絶対的な一つがあります。それを失って、何をやっても幸福でない。

わけても女の人の場合、幸福でないと思います。一生涯、馬車馬のように働いて、報いられるところ少なく死んでゆく。後に何も残りません。もし純粋な福音を、あの世にまで運んでいってくれる大きなキリストの生命をもっていなかったら、人生、生まれてきたことは無駄です。

人生は来世への予備校ですからね。だから女の人はせめて週に一回、二回、否、このような集いがある時には出席させてあげて、ただ一つのもの——永遠の生命に潤してあげないならば、あまりにかわいそうです。

身銭を切る伝道

ヨハネ伝一一章にもマルタとマリヤの話が出てきます。

弟のラザロが死んで四日目になって、イエス・キリストがベタニヤの村に来られた時、マルタは村外れまで出迎えに行きました。そして「何で早く来てくださいませんか。もし早く来られたら、弟は死ななかったでしょうのに」と、苦情を言っています。マリヤはじっと家で座っていましたが、イエスに呼ばれて会いに行くと、姉のマルタと同じように苦情を申しました。

しかしその後のことでしょう、「マリヤは高価で純粋なナルドの香油一斤を持ってきて、イエスの足にぬり、自分の髪の毛でそれをふいた」(ヨハネ伝一二章三節)とあります。

ナルドの香油はヒマラヤ原産の油で、実に高価なものです。マリヤは、その油壺を叩き割ってイエス様の足に塗り、髪の毛でふいて、別れを惜しみました。

イエスはキリストです。キリストとはメシア、油注がれた者という意味です。

しかし、誰もイエスに油注いだ者はいませんでした。マリヤだけが、最後に最高の匂い油、ナルドの香油で油注ぎをしました。イエスは、キリストとして礼を尽くして自分を葬ってくれるかと思ったら、ほんとうに嬉しかったんですね。

愛というものは、理屈を超えた深い知恵があります。静かな女だと思うけれども、いよいよという時には思い切った愛の行動をとっております。それがマリヤです。

私たち伝道者は、マリヤを模範にしなければいけません。

伝道すると言いながら、人の金で伝道しようとするのは駄目です。多くの人は身銭を切らない。ちょっと貯えてチョビチョビ出します。しかし自分の身銭を切ってガッとやったら、伝道できます。不思議なことが起きる。何も捧げんでもよいけれども、自分の身銭を切って捧げるような気持ちが、不思議な感化を及ぼします。これは私が、伝道の極意として申し上げておきます。

キリストの弟子たる条件

ルカ伝一四章を読みますと、次のように記されています。

大ぜいの群衆がついてきたので、イエスは彼らの方に向いて言われた、「だれでも、父、母、妻、子、兄弟、姉妹、さらに自分の命までも捨てて、わたしのもとに来るのでなければ、わたしの弟子となることはできない。自分の十字架を負うてわたしについて来るものでなければ、わたしの弟子となることはできない」。（二五～二七節）

ここに記してあるように、大勢の群衆がやって来るのを見れば、今の教会だったら、「クルセード伝道で、何千、何万もの人々が集まった」と言って喜ぶでしょう。しかし、イエス様は喜びません。「有象無象がたくさん来てもつまらん。おまえたちは、わたしの弟子にはなれぬ」と、ひどいことを言われます。

「誰でも、父、母、妻、子、兄弟、姉妹、さらに自分の命まで捨ててかかれ。そして自分の十字架を負え」――これは身銭を切るぐらいのことじゃありません。もしキリストの弟子として生きようと思ったら、これをしない限り駄目です。女の人は、男よりも多くの十字架を負っていますよ。私は婦人部会をやって、つくづくそう思いました。

「キリストのために十字架を負え。父、母、妻、子、兄弟、姉妹、自分の命まで捨ててかかれ」と言われたら、大問題だと思うでしょう。しかし、これは逆説的真理ですから、そのまま鵜呑みになさったらいけません。真理は逆説的にしか語れませんから。

主イエスが言われる意味はこうです。

今、飯塚で河野薫君が伝道しています。この人が初めて伝道に立つことになりました時、急に熊本の私のところにやって来て言いました。

「先生、親類じゅうが私に反対します、『あなたのお母さんは仏教徒だろう。お母さんの気持ちを喜ばせるのが孝行じゃないか。またお母さんを置いて伝道に出かけるのは、親不孝もひどいんじゃないか』と。私は昔から修養団の団員で、忠義と孝行ということをいちばん大事にしてきた人間ですから、母を嘆かせながらでは伝道に行く気になれません」

「それじゃ、ハイ、やめてよい。結構！　イエス様は『父、母を捨て……』と言われるじゃないか。仏教徒の母さんを連れて、幕屋が張れるか！　おまえの親孝行は何だ？」

そう言って叱りました。私が伝道を志した時、父も母も反対しました、

「おまえは、これだけ実業家たる素質がある。戦争中でも、会社の経営であんなに成功したじゃないか」と。

「しかし、どうしてもこうしても、この世の仕事はしたくない。ぼくは自分の一生だから、損しても何でも、ほんとうに心ゆくまでやって死にたいんだ」と言って、私は妥協しませんでした。しかし父がそんなに言いますと、もう亡くなりました家内が喜ぶんです、

「お父さん、よく言ってください。この人が伝道したって成功するものですか」と。

私はそんな不埒な男ですから、そのとおりです。恩寵というものがなかったら、伝道はできやしません。

十字架を負う秘訣とは

イエス・キリストは、「十字架を負うてわたしに従え」と言われた。

しかし弱い私たちに、十字架はなかなか負えません。その負えない十字架を負う秘訣を、イエス様はここで言っているんです。己が命を捨ててかかれば十字架を負える、というん

です。人間、死を覚悟すれば何でもできますよ。十字架を負える。

イエス様は良いことを言われますね。自分が利己的に考えるから、十字架を負えません。金の十字架は負えるかもしれません。人生の苦難、貧乏、しかもこれは十字架じゃない。人から迫害され、悪し様に言われながらも、キリストを信じて生きる。このようなことは、できがたい。

もしキリストがここにおられましたら、皆さん全部にこれを問われると思います。

自分の親も、妻も、子供も捨ててかかれるか？

それが神だろうか、神は愛ではないじゃないか、そう見えます。

しかし神様は、父、母、妻、子を奪うため、取り上げるためにおっしゃるんじゃないんです。それを奪われるような目に遭うが、その後に来たるところのその人の光栄、大きな一つの生命というものは、量りがたいものがあります。

私の両親でも、後になって「おまえに対して間違っておった、ほんとうに悪かった」と言って、喜んで信仰をもって死んでゆきました。そうすると、キリストはただ奪うために奪ったんじゃないんです。一度奪って、もっと良きものを与えたもう。そうして父、母、妻、子、兄弟たちも皆、恵まれます。私の福音はそういう福音です。私たちがキリストの直弟子であろうと思うならば、このことは厳に戒めてなさるべきです。

この一つの生命を得た時に、イエスを最初は迫害していたヤコブや他の弟たちでも、母マリヤでも、「イエス兄さんがおったために恵まれたなあ」と言って、イエスの死後、皆生きてゆきました。後にイエスの弟ヤコブはエルサレム教団のボスに成り上がりましたから、良くなかったけれども。

私はハッキリと言っておきます。私が死んでも、私の息子たちを指導者にせんでください。神からカリスマ的に恵まれた人が立って指導すべきです。血肉は神の国を継ぎません！　これは私の遺言です。上よりの召命に、上よりの御光に召された人間でないなら、絶対にできません。

幕屋において最も尊ばれるべきものは年齢ではない、信仰の年数でもありません。もちろん、過去から今に至るまで続いていなさることは尊いことですから、尊んであげてください。しかし大事なことは「今」が問題です。今、カリスマ的にほんとうに光っているか、どうかです。そういう人を尊んでゆく気風を作らなければなりません。

「あの人は過去にずいぶんやったのに」と言っても、現在役に立たぬ者が何になりますか。そんな者を戦争に出したら負けますよ。問題は、今です。

だから毎日毎日、深くキリストと交わり、内なる生命を魂に吸収し、内なるキリストが照り出でたもうぐらいに、ビリビリするように聖霊が働く人物になることです。そして不思議としるしが、その人を通して起こることです。ただの人間では駄目です。しかし、そう一度にはゆきませんから、せめてそれを模範に家庭集会を始められ、精進努力、向上の一路を心がけられれば、必ずそうなります。

このことがおわかりになり、一切を捨ててかかろうと思われれば、伝道の基本はできたようなものです。それができない場合は、なまじいな伝道しかできません。

そんな点、門脇誠治君は偉いですね。幕屋に来る前の話ですが、奥さんが看護婦で働きながら、ご夫婦で一生懸命になって東京の江戸川地区に教会堂を造りました。しかし幕屋に来られて、やがてそれを売った金で門脇君はイスラエル留学に行きなさった。すると奥さんが、残った金を全部私のところへ持ってこられた。

「どうしてそんなことをするの、あなたは体が弱いから要るでしょう?」

「いいえ、主人が『無から出発せよ、すべて先生に差し上げるように』と申しました」。私はそれを聞いた時、驚きました。門脇君は何かを知っていますね。一流の伝道者になるためには、どうしても一切を捨てて生きることを目指さなければなりません。

（一九七三年十月二十六日　①）

▼本稿は、「牧者への遺訓」として残された録音テープから筆記したものの前半です。

特別講Ⅲ

牧者への遺訓Ⅱ

そこで、イエスは十二弟子を呼び寄せて、汚れた霊を追い出し、あらゆる病気、あらゆるわずらいをいやす権威をお授けになった。……

イエスはこの十二人をつかわすに当り、彼らに命じて言われた、「異邦人の道に行くな。またサマリヤ人の町にはいるな。むしろ、イスラエルの家の失われた羊のところに行け。行って、『天国が近づいた』と宣べ伝えよ。病人をいやし、死人をよみがえらせ、らい病人をきよめ、悪霊を追い出せ。ただで受けたのだから、ただで与えるがよい。財布の中に金、銀または銭を入れて行くな。旅行のための袋も、二枚の下着も、くつも、つえも持って行くな。働き人がその食物を得るのは当然である。どの町、どの村にはいっても、その中でだれがふさわしい人か、たずね出して、立ち去るまではその人のところにとどまっておれ」。

（マタイ伝一〇章一、五〜一一節）

伝道する時には、信仰のあるなしにかかわらず、「この人は神の民になるな」という人を尋ね出して、協力してもらう。すると伝道はどんなところからでもやれます。それは金持ちではありません。宗教的な憧れ、渇きをもっている人です。

ここでキリストは、「伝道に行く時には何も持つな。財布の中に金貨、銀貨、銭を入れてゆくな。また旅行のためのカバンも袋も、着替えも持ってゆくな」と言われました。

私が以前に九州におった頃、多少ともこれを実験してもらうために、若い人たちを無銭徒歩伝道旅行に出したものです。中にはそれなりに恵まれた人たちもいます。二十年前はやれましたけれども、今の文明時代、あまりに自動車交通が発達し、電話一本でどこからでも助けを請える時代ですから、やめました。

私は若い頃、聖フランシス*の真似をして、家々を訪ねてキリストの「山上の垂訓」を唱えては伝道して歩いたことがあります。乞食をすると人の心がよくわかりますね。金持ちの家の門を叩いたって、何もくれません。かえって貧乏なおばあさんがお布施をくれます。それは二日ほどでやめましたが、自分でやったことは良かった。やってみないと、人を指導できません。

ここで主イエスが、「金銭によらずに伝道しろ」と言われる。これが大事ですね。「定年退職したら、退職金を利用して、恩給でも突っ込んで伝道しよう」と言う人があります。それも結構です。だが、生活の保障を得たら伝道するというのは邪道です。伝道に金は要りません。イエス・キリストが弟子たちを無銭徒歩伝道旅行に遣わされた時、帰ってきた弟子たちに、「わたしが財布も袋もくつも持たせずにあなたがたをつかわしたとき、何かこまったことがあったか」と尋ねられたら、「いいえ、何もありませんでした」と答えています（ルカ伝二二章三五節）。そういう世界があるんです。

命をかけた生き方

アドニラム・ジャドソンという人がいます。今から百五十年以上前のこと、彼はインド伝道に出かけてかなわず、ビルマに四十年間も留まって伝道しました。私は若い時から、このジャドソンを尊敬していました。

若いジャドソン夫妻は、インドへ向かう船で祈りつつある間に、コンバージョン（回心）状況を味わいました。彼らは組合派の援助で派遣されていましたが、その途上、当時非常に霊的な信仰に燃えていたバプテスト教会に所属しようと思って、インドに着いてすぐ断り状を出した、「私はむしろバプテスト派であろうと思う」と。組合教会は猛烈に怒りました。またバプテスト教会では、それまで誰も海外伝道に派遣したことがなかったので驚きましたが、少しずつ援助するようになりました。彼は長い間かかってビルマ語を覚え、ビルマ語の聖書を作り、ほんとうに苦労して伝道しました。

その当時、ビルマのような未開の地、金がべらぼうにかかるだろう地で、何の後ろ盾もなく伝道を始めるなど、危険極まりないことです。しかし、ジャドソン夫妻は神を信じていました。いつも、「主よ、あなたが在したもう限り大丈夫ですね」と、キリストに信じて祈っていました。

また、戦後のアメリカに現れたカリスマ的な伝道者に、オーラル・ロバーツという人がおります。彼は神学校を卒業して、数年間、教会で牧師をしていた。ところが奥さんが、

「私たち若くて将来があるのに、気の抜けたような礼拝を毎週繰り返して、こんな牧師として一生を送るのはたまりません」と言いだしたので、彼は三つの願を立てました。

それはかつてギデオンが、神様から、

「おまえをイスラエルのために立てる」と言われた時、

「それでは、しるしを見せてください」と願ったことと同じでした（士師記六章）。

彼は神に祈りました、

「第一に、町のいちばん大きな会場を借りて伝道集会をしますが、堂に溢れるように人を集めてください。第二に、それに必要な経費はすべて、あなたが負担してください（こんなところは私と違います）。第三に、満堂の会衆の中で、奇跡と不思議を起こしてください。もしこの三つの条件が満たされないなら、私は伝道をあきらめて、クリーニング店の店員か雑貨店の番頭になります」と。

こうして彼は牧師を辞めました。彼は、「後ろの橋を焼き切って……」と言っていますけれども、文字どおり退却はできない、前進しかできぬようにして祈りに祈りました。

そして当日、無名のオーラル・ロバーツでしたのに、会場に溢れるように人が来た。経費も与えられた。そして死に物狂いになって壇の上に立ちましたら、次々と癒やされる人たちがあった。そのニュースが全アメリカに伝わり、オーラル・ロバーツは一躍有名な伝道者になりました。

皆さん、こういう例えをどうお考えですか？　皆さんも同様にやったらいいんです。イエス様が言われるとおりに、一切を捨ててかかり、場合によっては自分の命も差し出す覚悟だったら、伝道は成功しますよ。もちろん、聖霊に満たされているという前提条件があります。

神を朝晩忘れることができないように、「神様、どうしましょうか。御心を聴かせてください」と、いつも神に寄り添うようにして生きることが、信仰生活の妙諦です。神はその場、その時に応じて教えたまいます。

ある人は伝道者としてほんとうに素晴らしいが、ある人はそうでない。これはどこからくるか？　どうぞ命をかけて生きるような、すさまじい生き方をなさることを肝にお銘じになりさえすれば、今日から優れた牧者が出てきます。

深い祈りの生活

五十年ほど前のイギリスで、神秘家として知られ、牧師たちにも多大な感化を与えた、イヴリン・アンダーヒルという婦人がいました。

彼女が言っていることに、「私は平信徒で、しかも女です。だのにどうして牧師さんたちが集まって、私の話を聞かれるのでしょうか。いつも不思議に思うのですが、それは牧師さんたちに何かが欠けているからだと思います。多くの人は、神と深く密着した生活をせず、ただ牧会、牧会……と追われ、駆け回っていても、それでは人々の魂は癒やされません」と。牧師たちは、彼女に熱心に聞きました。とにかく天使のように輝いているので、誰もが彼女に聞かざるをえないのでした。不思議ではないでしょうか。

幕屋の婦人の中でも特に私が尊敬するのは、東京の三高知意さん、横浜の橋爪まさこさんですが、いつもみずみずしい新鮮な感情をもって、周囲の人を潤してやみません。とても伝道者はかないません。

皆さんが、ほんとうに祈り深い生活、神の御光を内に受けて生きることをなさいますと、専門の伝道者たちが頭を下げてきますよ。

その秘密は深い祈りです。ただ大声を張り上げて神を強迫するような祈りからは、何も生まれてきません。人間の側からアクティブに、神に揺さぶりかけるようなことはすべきでない。どこまでも、上よりの霊的なキヌアー(熱心)、神の熱情に私たちが燃やされるのでないと駄目です。

これは、私たちがレイパスター(平信徒牧者)として、また伝道者として反省をするために話しているのですから、悪く思わんで聞いてください。ほんとうにそうだとお思いになるなら、ご自分をお変えにならなければ、神の御用に立ちません。

それで、いつも祈りを絶やさずに、深いキリストとの合一(コミュニオン)を楽しむ生活をなさることです。そのうちに、人格がだんだんと光を帯びて変わってきます。コンバージョンが最初ですが、それにとどまらず、いつも向上一路、聖霊と交わりつつ精進なさることです。そして、「自分は幕屋のため、家庭集会のために、神の小さな使命を抱いて、それを果たしたい」と使命感を自覚して祈りだしたら、やがて日本じゅうの幕屋が変わってきます。

聖ロヨラの霊修

ところで、生命が涸れる原因はどこにあるでしょうか？

それはまず、内なる生命の重大さを知らないからですが、神と自分が固く引きつけ結ばれる状況が薄らいでいるからです。まず自分自身の内側の実情を知って、自分が活動するために欠陥があることを認め、反省する必要があります。

聖イグナティウス・デ・ロヨラ*は、ザビエル*の先生ですが、優れた伝道者を数多く作り出しました。その彼がいつも心がけ、口癖に弟子たちを戒めた三か条の心得がありました。

(1)　神を渇仰せよ。

（鹿の谷川の水を慕いあえぐように、神を渇き仰ぐこと。神への渇き、thirsty な感情があるか、どうか）

(2)　いつも神を畏れて、すべてのことを神に聴こうとしているか、どうか。

（自分の意見や周囲の願いよりも、「神様、私はどうしましょうか」と言って、聴くことを第一の祈りとしているか、どうか？）

(3) 伝道者は、いつも多くの魂のために奉仕すべきこと。

この三つを弟子たちに言い聞かせて指導しました。簡単なことですが、これを徹底して訓練しましたので、ザビエルはじめ霊的な大伝道者を輩出し、腐敗したカトリック教会もロヨラによって改革の機運が起こりました。

私たちにとって大切なことは、自分自身の状況を知り、重大な欠陥があるなら、「ほんとうに神様、すみません」と、すぐに悔い改めて出直すことです。

聖書に帰れ

そして、信仰生活は、ただ祈るだけでは霊性が向上しません。聖書は不朽の聖典です。私たちの信仰の手本は聖書です。怠らずに聖書をよく読み、聖書の水準に信仰を高めようと学んで、魂を向上させることが大切です。聖書に立ち帰ると、信仰の方向を知り、霊の能力が出ます。

けれども、ただ我流で読んでわかるものではありません。良い注解書を得て、聖書に書き込みながらお読みになると、自分の非が正されます。一言一句、眼光紙背に徹する真剣さが必要です。自分勝手に読み違いをしては、何十年読んでも、ちっとも変わりばえがせず、魂は成長しない。そう言うと、「私は英語も読めなければ、聖書の原文であるヘブライ語もギリシア語もできませんから、そうゆきません」とお思いの方もいるでしょう。しかしそれらは手段でして、大事なことは読む眼があるかどうかです。神と一つに結ばれた魂ならば、もう言わずとわかります。

学びしことなき者が

ヨハネ伝七章に、次のような記事があります。

> 祭りも半ばになってから、イエスは宮に上って教え始められた。すると、ユダヤ人たちは驚いて言った、「この人は学問をしたこともないのに、どうして律法の知識をもっているのだろう」。
> （一四、一五節）

ここで「律法の知識」と訳していますが、原文のギリシア語を直訳すれば「γραμματα 書かれた文字、学問」です。そこから「律法、旧約聖書」という意味となります。イエス・キリストはナザレの大工の子で、無学な人でした。それなのに、どうして文字（聖書）を知っているのだろうか。また、イエスが宮で教えると、どうしてこんなに多くの人が集まって聞くのか。それが不思議に思われた、というわけです。

また、イエスの弟子となったペテロでもヨハネでもヤコブでも、ガリラヤの田舎の漁師でしたから、皆、無学な人たちでした。しかし使徒行伝四章を読むと、ペテロとヨハネが聖霊に満たされて語りだすや、彼らが無学なただ人であるのに、どうしてこんなに宗教的知識があるのだろうかと人々が不思議に思った、とあります。

これが私たちにとって、もう一つの大事なポイントです。

イエス・キリストは、学問した人ではありません。大工、労働者です。

しかしヨルダン川で聖霊を注がれると、天よりの声を聴く人となりました。このようなレヴェレーション（啓示）、インスピレーション（霊感）が大事です。預言者マホメットも同様でした（八三～八八頁参照）。

牧者よ、奮起せよ！

伝道は、とにかく自分が霊に満たされていなければできません！

どうぞ皆さんが奮起してほしい。神は器を求めているんです！

命を捨ててでも十字架を負おうと思う者は、易々として十字架を負える。負うてみれば何でもないんです。命を捨てようと思えば、案外簡単です。そして一人が出家すると、「九族天に生まる」と言いますが、ほんとうにそうです。

惰気満々たる信仰生活は大概でやめて、どうか誰かが起ち上がってください。

神にまず召されることが大事です。

「どうか神様、私をお召しください！」と祈ることが大事です。

マホメットのように、文字を読めない者を立てて、神の預言者としたもうた。

このことを思ったら、学歴などなくても苦になりません。

大事なことは、胸の中に光るものがあるかどうかです。生命の水がみずみずしく流れるかどうかです。

　神はこの時代に戦いを進めるために、悪魔に勝つために、人を求めていらっしゃる。クリスチャンが皆、駄目になった時に、どうか私たちの一群から神の戦いのために立つ人々を起こしてください！　と私は祈っているんです。

　皆で大声で三度、「私を牧者にお召しください！」と言ってください。

（一同、「私を牧者にお召しください！」と三度唱える）

　霊界では悩んでいます。天の手先となる者が地上にいなければ、霊は働けないんです。

　キリストは、手先となる者を求めておられる。

　どうぞ私を、その一兵卒にしてください！　と祈ってください。

（一同の激しい祈り）

昨夜、私は三八度七分に熱が上がりまして、咳が出て一晩眠れませんでした。

今日お話ししたことは、私も遺言のつもりで言ったんです。皆さん方が、これがわかって立ち上がり、キリストの召しにお応えになれば、大きいことをなさいます。

私たちの戦の先陣となって、喜んで死んでいった人たちがいます。

新保恒男君は小学校しか出ていませんでした。しかし彼はよく聖書を勉強しました。そして最期は立派でした。「高松に伝道に行こう」と言って出かけ、その途中の大歩危・小歩危で天に帰ってゆきました。このように、自分のことを捨ててでも開拓伝道に出かけていった兄弟があります。こういう模範があります。こういう人を尊びたいと思います。

この世的に少し財力があるとか、地位や学歴があるとか、また年令があるとか、そんな人々が巾をきかすようでは幕屋でありません。幕屋で最も尊ばるべきは、聖霊に満されたカリスマ的な信仰の人であらねばなりません。「イエスの名によりて、立ちて歩め！」と一言発すれば、奇蹟を起したペテロのようであって下さい。祈っています。

（一九七三年十月二十六日　②）

▼本稿は、「牧者への遺訓」後半の筆記です。最後の四行(三一七頁)は、奥山半僧坊で「牧者たる心得」として語られたものを、『生命の光』誌(一九七四年・二八〇号)に掲載するに当たって、手島郁郎が自ら加筆したものです。(左頁はその直筆原稿)

＊フランシス…一一八二(?)〜一二二六年。イタリア中部のアッシジに生まれる。奉仕と托鉢の生活をし、愛と清貧の生き方を追求。フランシスコ会の創始者、聖人。

＊イグナティウス・デ・ロヨラ…一四九一〜一五五六年。スペインの宗教家、聖人。イエズス会の創立者。

＊フランシスコ・ザビエル…一五〇六〜一五五二年。イエズス会士、宣教師、聖人。「東洋の使徒」と呼ばれる。日本に初めてキリスト教を伝えた。

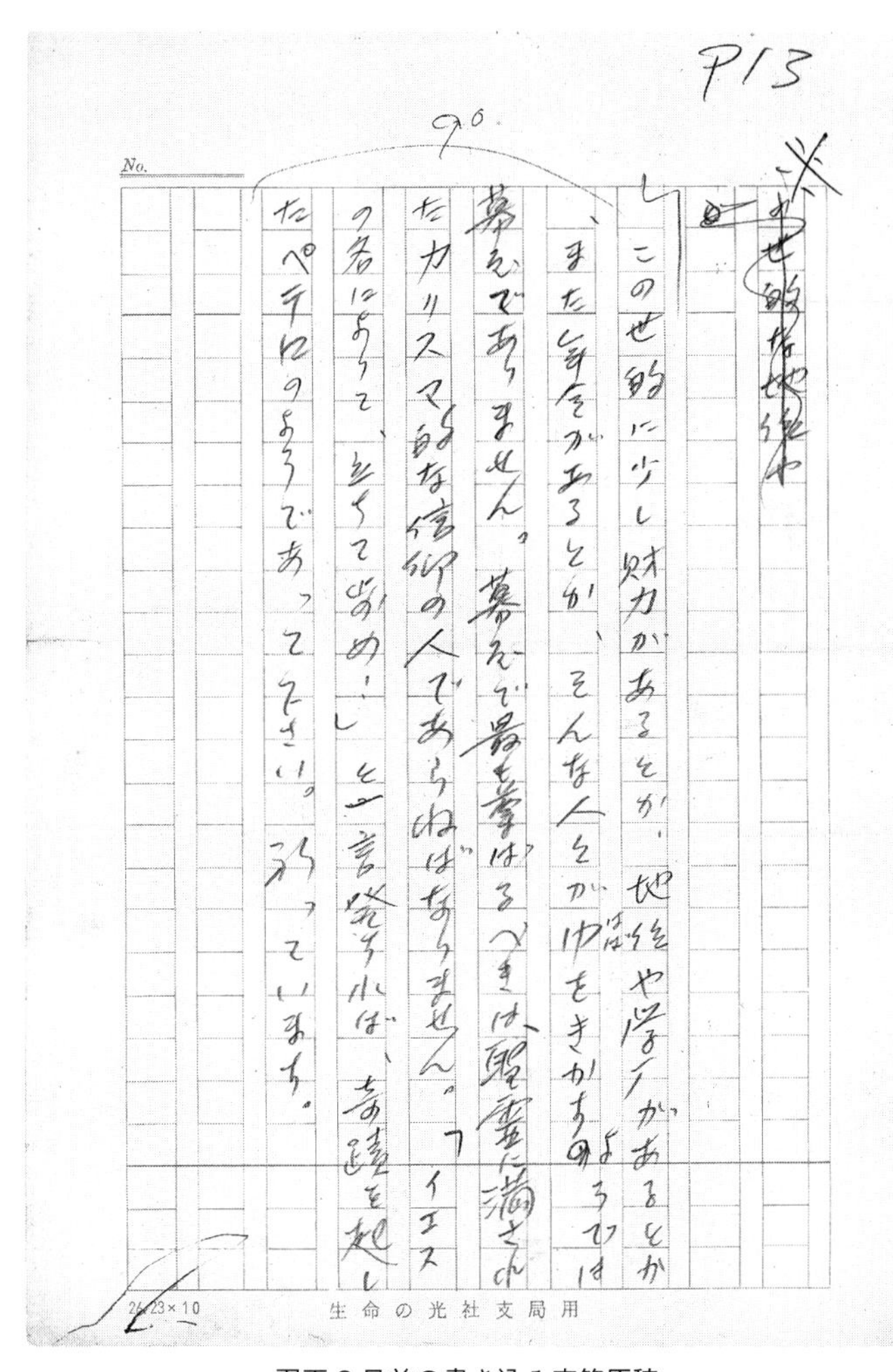

P13

この世的に少し財力があるとか、地位や学歴があるとか、また才能があるとか、どんな人とかがはばをきかすようでは幕屋であってはなりません。幕屋で最も尊ばるべきは、聖霊に満されたカリスマ的な信仰の人であらねばなりません。「イエスの名によって、立って歩め！」と言発すれば、奇蹟を起したペテロのようであってください。祈っています。

26×23×10　生命の光社支局用

召天2日前の書き込み直筆原稿

編者あとがき

本書は、手島郁郎先生によるヨハネ伝講話の第三巻です。東京・千代田区にある全国町村会館にて、一九七三年七月～十一月の四か月間に語られた講話を収録しました。先生の生涯最後のこのヨハネ伝講話は、八章で終わっており、残念ながらそれ以降がありません。したがって九章からは、十年ほどさかのぼった連続講話を、第四巻以降に編集する予定です。

×

本書に収録されたヨハネ伝講話が続けられていた一九七三年の夏、信州の白馬山麓で幕屋の聖会が開かれ、全国からおよそ五千人の教友たちが集いました。手島先生は、その聖会の最後に、「これまで二十五年間続いてきました聖会を、これで終わります。どうぞ今後は、皆さんで大きく全日本に幕屋的展開をしてくださるよう、お願いいたします」と宣言。その言葉どおり、その年の暮れのクリスマスの朝、先生は召天しました。

本書の編集に当たりつつ思わされたのは、この書はヨハネ伝の講話であるとともに、手島先生の遺言の書だということでした。そこには、キリストの真の弟子はどのように生きるかを示す内容が多く、それに深く関連するものとして、原始福音運動の担い手たるべき人々に最後に語られた「サタンの術策」「牧者への遺訓」を特別講話として併せて掲載しました。

ヨハネ伝は、イエス・キリストのご昇天後、六、七十年経った頃に書かれました。

この福音書は、最も霊的なキリストを描き、初代教会の信仰の絶頂を示すものです。それとともに、キリストの生命を宿してはいても、外部からの攻撃や信仰変質の危険にさらされていた若いキリストの群れに対して、老ヨハネが信仰の進路を示した書だともいわれます。

そのヨハネ伝をひもとく手島先生の言葉は、老ヨハネの心と重なり、まさにこれから神の道を進もうとする一人ひとりに対して、最も大事な信仰の心路を示すものです。その最終講話は、「ただキリストだけがいて教えてくださる。不思議な生けるキリスト、永遠のキリスト、霊なるキリストが訪れたもう経験をもたれるでしょう。どうぞ、この神と共にお生きください！」と語って終わっており、それが日曜日の聖書講話における最後の言葉になりました。

その場にいた私は、なぜか涙が止まらなくなり、集会室に満ちた霊的な雰囲気とキリストの臨在感を、今も忘れることができません。先生は最後の一瞬まで、ただ生けるキリストを指さす真の主の僕でした。

手島先生が、終生最も愛したのはヨハネ伝でしたが、この福音書を身読しつづけた先生の最後の信仰世界が本書には記されています。ここに収録された講話が、原始福音の神髄を求めるお一人おひとりの祈りの糧となり、力となり、目指すべき信仰となることを切に願い祈ります。

本書は、手島先生の聖書講話を、残された録音テープから編集したもので、文責はすべて編者にあります。編集に協力してくださった、奥田英雄、藤原豊樹、上野誓子、髙橋清里の諸兄姉に衷心より感謝申し上げます。

二〇二三年四月　手島郁郎先生召天五十年の春に

編集責任　伊藤正明

手島郁郎　てしま　いくろう

1910(明治43)年8月26日　生まれる。

1927(昭和2)年　17歳の頃、受洗する。

1948(昭和23)年5月　阿蘇山中にて見神、独立伝道に立つ。

1973(昭和48)年12月25日　召天する。

ヨハネ伝講話　第3巻　　定価2800円（本体2545円）

2023年4月24日　初版発行

講述者　手　島　郁　郎

発　行　手島郁郎文庫

〒158-0087　東京都世田谷区玉堤1-13-7

電　話　03-6432-2050

F A X　03-6432-2051

郵便振替 01730-6-132614

印刷・製本　三秀舎

ISBN 978-4-89606-037-9